Nous, les Nègres

James Baldwin
Malcolm X
Martin Luther King

Nous, les Nègres

Entretiens avec
Kenneth B. Clark

*Traduits de l'anglais (États-Unis)
par André Chassigneux*

Présentés par Albert Memmi
Préface inédite d'Albert Memmi

La Découverte / Poche
9 *bis*, rue Abel-Hovelacque
75013 Paris

Ce livre a été initialement publié par les Éditions François Maspero en juin 1965 (collection « Cahiers libres », n° 70). L'édition américaine originale en a été publiée en 1963 par Beacon Press, Boston (et au Canada, par S. J. Reginald Saunders & Co Ltd, Toronto), sous le titre *The Negro Protest. James Baldwin, Malcolm X, Martin Luther King talk with Kenneth B. Clark*. Une nouvelle édition, avec une préface inédite de Kenneth B. Clark, en a été publiée en 1985 par Wesleyan University Press, Middletown, sous le titre *King, Malcolm, Baldwin. Three Interviews*.

Si vous désirez être tenu régulièrement informé de nos parutions, il vous suffit de vous abonner gratuitement à notre lettre d'information bimensuelle par courriel, à partir de notre site www.editionsladecouverte.fr, où vous retrouverez l'ensemble de notre catalogue. Vous pouvez, à défaut, envoyer vos nom et adresse aux Éditions La Découverte (9 *bis*, rue Abel-Hovelacque, 75013 Paris), pour demander à recevoir gratuitement par la poste notre bulletin trimestriel *À La Découverte*.

ISBN 978-2-7071-5082-0

> En application des articles L. 122-10 à L. 122-12 du code de la propriété intellectuelle, toute reproduction à usage collectif par photocopie, intégralement ou partiellement, du présent ouvrage est interdite sans autorisation du Centre français d'exploitation du droit de copie (CFC, 20, rue des Grands-Augustins, 75006 Paris). Toute autre forme de reproduction, intégrale ou partielle, est également interdite sans autorisation de l'éditeur.

© Beacon Press, Boston, 1963 ; Wesleyan University Press, Middletown, 1985.

© Pour la traduction française : Éditions François Maspero, Paris, 1965 ; Éditions La Découverte, Paris, 2007.

Préface à l'édition de 2007

ALBERT MEMMI

Afro-Américains et Afro-Européens

Décidément l'histoire est déconcertante sinon imprévisible. Les Noirs ont subi deux traumatismes majeurs : l'esclavage et la colonisation ; comme dans la plupart des oppressions graves, ils en devinrent muets. Seuls les Noirs d'Amérique, eux-mêmes descendants d'esclaves mais vivant dans une démocratie, pouvaient leur prêter une voix. Luttant également contre le racisme et la discrimination, ils se battaient, avec un succès grandissant, pour transformer la condition noire, y compris celle des Africains : n'étaient-ils pas originaires de la lointaine Afrique, au point qu'ils aimaient se présenter, plus ou moins mythiquement, comme des *Afro-Américains* ? Il faudra bien du temps pour que le malheur historique des Noirs soit effacé de leur conscience collective. Mais nous avons heureusement commencé une ère nouvelle où, on peut l'espérer, ces deux fléaux appartiendront au passé. Sauf dans quelques isolats, la Mauritanie ou l'Arabie saoudite, dans quelques ambassades de pays attardés, dit-on, l'esclavage et la colonisation, même ceux des prétendus camps de travail, ont pratiquement disparu.

Or voici que l'Histoire recommence à nous narguer. L'épicentre de cette affaire s'est simplement déplacé, comme ces éruptions volcaniques qui surgissent en des lieux inattendus ; au point qu'il me semble utile de parler d'*Afro-Européens* pour faire pièce au terme d'*Afro-Américains*. Des nations indépendantes, majoritairement peuplées de Noirs, appelées de leurs vœux par les contestataires américains, sont miraculeusement nées. La condition des Noirs devrait en être radicalement transformée. Elle l'est sans doute ; mais si elle a changé de visage, elle demeure autrement peu enviable. Les Noirs sont dorénavant libres, mais ils partagent le sort de la plupart des citoyens des nouvelles nations du tiers monde, où règnent, en un cercle infernal, la misère du grand nombre, la corruption des possédants, qui ont mis en place des systèmes de détournement des fonds publics, et la tyrannie des dirigeants pour museler les opposants. Le niveau de vie des habitants du Nigeria, qui regorge de pétrole, n'est pas supérieur à celui des plus démunis. En Algérie, autre grand producteur de pétrole, 30 % de la population vit en dessous du seuil de pauvreté ; la production industrielle est indigente ; le taux de chômage, particulièrement chez les jeunes, est inquiétant ; la protection médicale est dérisoire, on chuchote qu'il y aurait des cas de peste, maladie typique des pays les plus pauvres. Outre les séquelles de la colonisation, il faut ajouter la complicité des Occidentaux avec les gouvernements en place, intéressés à maintenir un *statu quo* commode pour leur approvisionnement en pétrole et en matières premières. Bien que tout mettre au compte d'un néocolonialisme serait décharger les dirigeants de toute responsabilité dans ces désastres.

Résultat inattendu : au lieu de jouir de la promotion historique de son pays natal, le citoyen tout neuf se met à rêver de quelque Eldorado où il pourrait manger à sa faim. Les plus entreprenants, les plus vigoureux, les jeunes gens surtout, vont tenter l'aventure, souvent au péril de leur vie. Les voilà partis sur de méchantes barcasses – serrés comme des sardines, c'est à peine une métaphore – qui, ne tenant la mer que par miracle, coulent à la moindre tempête, engloutissant leur misérable cargaison. S'ils n'ont pas péri en mer, s'ils ne sont pas refoulés par des pays d'accueil de plus en plus réticents devant une immigration massive, ils pourront espérer bénéficier des mêmes avantages, économiques et sociaux, que leurs nouveaux concitoyens, respirer l'air enivrant de la démocratie. Leurs correspondants leur avaient assuré que les hôpitaux étaient gratuits, le transport remboursable dès que l'on avait un emploi ; qu'on gagnait même assez pour envoyer quelques subsides à ceux qui étaient demeurés au pays. Ils seront dans l'attente anxieuse d'une régularisation administrative, mais ils auront échappé à la rapacité de leurs dirigeants et aux dictatures policières ou militaires.

Mais voilà qu'ils découvrent aussi qu'ils vont vivre un nouveau statut : celui de l'immigré ; c'est-à-dire celui de l'exilé et du minoritaire au milieu de majoritaires hostiles quelquefois. L'exil est déjà un malheur ; la minorisation est, en outre, presque toujours une fragilité, fût-on par ailleurs économiquement et culturellement à l'abri ; elle est propice à la discrimination et à la mythologie. Plus pauvre parmi les pauvres, il cumule les fragilités du prolétaire et de l'exilé. La tentation est grande de profiter de sa situation particulière pour le payer moins par exemple, ou lui refuser une location. Son étrange séparation fait de lui le portemanteau des fantasmes du majoritaire, entretient la xénophobie, sinon le racisme. La Bible n'avait-elle pas désigné les Noirs, fils de Ham le maudit, à la colère divine ? Les Juifs eux-mêmes en savent quelque chose. Quels sont ces gens étranges qui s'obstinent à vivre séparés ? Ne préparent-ils pas en secret quelque mauvais coup ?

Cette condition nouvelle, l'immigré noir la partage en effet avec les autres minoritaires et les autres immigrés, surtout les Maghrébins, dont il est souvent proche, par la religion, par quelques traits culturels issus du même islam. Mais la condition de l'immigré noir est en outre spécifique : le Maghrébin est légitimement soutenu par une opinion arabe de plus en plus consciente de sa force ; le Noir semble abandonné par sa propre patrie, elle-même encore timide. Et, surtout, il est visible ; comme les femmes, que leur féminité désigne à la vue de leur éventuel agresseur.

Le Juif peut passer inaperçu, le Noir, non ; il porte comme une rouelle la couleur de sa peau. Devant les progrès dus à la science, on convient généralement de l'absurdité du racisme biologique ; il n'existe pas de races pures. D'ailleurs, la mixité et les mouvements accélérés à travers la planète estomperaient les différences biologiques. Et, existeraient-elles, il ne s'ensuivrait nulle supériorité, comme le prétend le raciste.

Mais il n'y a pas besoin de tant de précautions avec le Noir : comme les femmes, il est effectivement différent ; qui peut affirmer que ce soit sans conséquence aucune ? Du reste, il y en a une, de l'ordre de l'imaginaire, mais déjà lourde : la noirceur du Noir entretient chez beaucoup ce que j'ai proposé de nommer *hétérophobie* ou la peur agressive du différent ; parce que le différent est de l'inconnu et que l'inconnu fait peur. Un journaliste voulut un jour partager le sort d'un Noir pour en rendre compte dans un livre : il commença astucieusement par se teindre la figure ; il fut stupéfait par les bouleversements de sa vie. Et le pire est que le Noir lui-même tient compte de sa permanente mise en question et se conduit en conséquence. Il y a peu, Aimé Césaire, le co-inventeur de la négritude et grand poète de

préface de 2007 — XI

langue française, a encore poussé le cri traditionnel : « Oui, je suis nègre ! » Césaire vit pourtant aux Antilles, où il est justement honoré depuis des décennies, où il occupe des fonctions administratives éminentes. En somme, il existe une *condition objective* des Noirs, c'est-à-dire un ensemble de traits, réels ou imaginaires, plus ou moins cohérents entre eux, communément imposés et vécus.

N'y a t-il pas de solution à ce drame ? Il serait léger de feindre qu'elle serait aisée. Les États-Unis d'Amérique, qui comprenaient une minorité d'une vingtaine de millions de Noirs, peut-être une trentaine aujourd'hui, ont longtemps peiné dans la recherche des mesures les plus efficaces. Ils ont obtenu quelques résultats, même s'il reste beaucoup à faire. L'apparition de classes moyennes plus nombreuses, 45 % contre 66 % chez les Blancs, est tout de même encourageante. Pour la première fois, en 2006, un Noir s'est porté candidat à la présidence de la République. On voit plus souvent des Noirs à la télévision et même, de temps en temps, un baiser échangé entre un Noir et une Blanche. Surtout ils se sont vu proposer la fameuse *discrimination positive*, reprise en Afrique du Sud et actuellement en France. Le succès semble en avoir été mitigé ; même auprès des Noirs, qui se sentaient suspectés d'une promotion des médiocres, et auprès des postulants blancs qui criaient à l'injustice. La proportion de pauvres demeure préoccupante, 30 % contre 12 % chez les Blancs ; corrélativement, la proportion des délinquants noirs est significative.

Et voilà, brusquement, le coup de tonnerre : le 11 Septembre a appris aux États-Unis et au monde que nul n'est aujourd'hui à l'abri de la violence ; comme si le fantôme de Malcolm X, le partisan avoué de la violence, avait définitivement éclipsé celui de Martin Luther King, le rêveur humaniste, et celui de l'esthète James Baldwin, et revenait hanter l'existence jusqu'ici paisible des citoyens de la grande Amérique. Assoupie un temps, la violence, qui avait traversé l'océan, revient aux États-Unis et retourne en Europe en un tragique aller-retour.

En somme la violence s'est simplement déplacée. Le constater n'est évidemment pas l'approuver, comme dans les délires des intégristes qui veulent islamiser le monde et le soumettre à leur foi ; ni dans les dévoiements d'une certaine extrême gauche européenne, qui veut voir dans les intégristes des alliés potentiels, alors que si ces derniers prenaient le pouvoir, ils en seraient éliminés.

Mais force est de reconnaître que la violence n'a jamais été absente dans l'Histoire ; que l'espèce humaine est peut-être l'une des plus hétérophobes et les plus meurtrières. Les violences de la colonisation ou de l'esclavage n'ont pas été moindres que celles de nos modernes terroristes. Un bombardement par l'aviation ne ménage pas davantage les civils que les voitures piégées. Dans plusieurs pays d'Amérique latine, les enlèvements et les assassinats n'étonnent personne. On répète complaisamment que le racisme n'existe pas au Brésil ; c'est faux : il est à étages, chacun s'y vante d'être moins noir qu'un autre. *Idem* aux Antilles. Les Intouchables le sont toujours largement en Inde. Il n'est pas enviable d'être noir dans un pays arabe. Est-il utile de rappeler les horreurs intercIaniques – entre Noirs ! – du Rwanda ou du Congo ? Nous assistons en Irak à une guerre larvée entre sunnites et chiites, tous musulmans fidèles. Il faudra bien établir la sinistre comptabilité des massacres et des oppressions perpétrées entre eux par les humains, rien qu'en ce dernier siècle.

Saurons-nous un jour juguler notre violence, naturelle ou acquise ? Renoncer aux acres jouissances de la dominance, qui nous permet d'assouvir nos avidités ? Cesser de dévaloriser les plus faibles afin de justifier nos rapines et de nous conforter nous-mêmes ? On a honte de rappeler ici ces évidences ; il est clair qu'il faudrait agir sur les mentalités et sur les conditions objectives.

Tant que les nouvelles nations n'auront pas résorbé le chômage faramineux de leurs jeunes gens, personne ne pourra endiguer l'immigration de masse. Le tiers monde devra combattre, ou rien ne bougera, ses tyranneaux éternels, galonnés ou non, dont la corruption épuise par avance tout développement. L'Occident ne pourra pas éternellement jouer à l'autruche et se livrer à ses désastreuses manigances. On ne viendra pas à bout d'un phénomène si général, relativement inédit dans l'histoire de l'Occident, par des mesures fragmentaires et souvent contradictoires. Il faudra bien en venir à un accord global et sincère entre tous les partenaires ; les pays d'origine qui croient se débarrasser ainsi de leur surplus démographique et de leurs trublions, et les pays d'accueil qui espèrent subrepticement récupérer des bras à bon marché et les meilleurs cerveaux.

Dans les pays d'accueil, il faudra que les uns et les autres acceptent pleinement le pari de la démocratie. Quels que soient les éventuels problèmes suscités par une cohabitation d'un genre nouveau, dans la scolarité par exemple ou l'évaluation de la place de la religion dans la cité, les majoritaires doivent les aborder ouvertement et sans démagogie, mais, en aucun cas, se défaire d'une parfaite égalité entre tous les habitants du pays. L'immigré doit renoncer à tout ce qui gêne l'exercice des libertés de la démocratie, sous le prétexte de ses propres différences culturelles ; à l'excision des jeunes filles par exemple, ou à une atteinte à la laïcité. Les intellectuels en particulier doivent courageusement jouer leur rôle d'analystes et de dénonciateurs, comme l'ont fait les grands intellectuels de l'Occident au risque d'aller en prison ou même au péril de leur vie. Il leur faut défendre la laïcité qui seule permet de vivre décemment ensemble, lutter contre un passéisme anachronique ou des dérives absurdes, celle de rechercher, par exemple, un bouc émissaire juif aux malheurs de leur condition, comme l'ont tenté certains Afro-Américains, et récemment quelques-uns de leurs émules en France.

En attendant, pour les uns comme pour les autres, la pédagogie est le meilleur remède à l'hétérophobie, qui empoisonne aussi bien l'esprit des Blancs, comme l'a justement noté Baldwin. Nous n'avons su jusqu'ici qu'opposer la violence à la violence. On doit apprendre dès l'enfance qu'il n'y a pas de bonne violence, la nôtre, et une mauvaise, celle des autres ; que la violence engendre la violence et nous fait vivre dans un état de guerre permanente ; que la maîtrise de la violence passe par le discours et la négociation.

Dans l'immédiat, et puisque les mentalités n'avancent pas assez vite, il faut légiférer. Je ne suis pas d'accord avec ceux qui estiment qu'il ne faut pas recourir ici aux lois. Lorsque les gens ne sont pas assez raisonnables pour ne pas nuire à leurs semblables et à eux-mêmes, il faut les y forcer ; en distinguant certes entre les simples opinions, aussi désagréables ou injustes soient-elles, et l'incitation à la violence... En attendant que la mixité, dans laquelle semblent s'engager la plupart des peuples – l'extraordinaire progression des mariages mixtes le prouve –, fasse heureusement son effet. En tout cas, telle est la voie vers la plus grande humanisation de l'homme.

PARIS, FÉVRIER 2007

Présentation de l'édition de 1965

Albert Memmi

Les chemins de la révolte[1]

En mai 1963, la Télévision de Boston invitait trois leaders noirs fameux à venir s'expliquer sur le sens de la révolte noire. Chacun d'eux donna sa propre interprétation, et proposa sa solution, de l'une des crises les plus effrayantes qui menacent

---

[1] Je terminais ce texte lorsque nous parvint la nouvelle de l'assassinat de Malcolm X. L'on dira, bien entendu, qu'il avait trop prôné la violence pour ne pas y succomber. Mais pourquoi appelait-il la violence ? La violence de l'opprimé n'est que le reflet de celle de l'oppresseur. Par sa mort, Malcolm X ne signe pas son erreur ou sa défaite, il confirme, hélas, que l'oppression est une machine infernale, que la relation oppresseur-opprimé est sans issue.

les Etats-Unis d'Amérique. Je ne sais dans quel ordre ils se présentèrent effectivement au Studio d'enregistrement ; il est remarquable cependant que le meneur de jeu, puis l'éditeur, aient cru bon de nous livrer leurs textes dans cet ordre : J. Baldwin, Malcolm X, Luther King. Cette présentation a également un sens, surtout par sa conclusion : visiblement, King a la faveur de la Télévision américaine, qui souhaite le triomphe de ses thèses ; la déférence du journaliste, son ironie au contraire envers Malcolm X, le prouverait déjà amplement. Or, cet ordre est objectivement faux. L'Histoire nous l'a maintenant largement et durement enseigné : *il existe un rythme de la révolte ;* et c'est celui-ci : King, ou Baldwin, mais sûrement après, Malcolm X.

De ces trois hommes, je n'en ai approché qu'un seul, Baldwin, mais je n'ai pas besoin d'effort pour les imaginer : la colonisation m'a fait connaître chacun de ces types d'opprimés à des dizaines d'exemplaires. King est le Modéré, sachant rassurer ses adversaires, faire patienter ses troupes, et se trouver des alliés ; en somme, homme politique déjà, et futur chef d'état, peut-être, celui à qui l'on confiera le premier poste dirigeant, et qui n'y restera probablement pas, car son ministère sera de transition.

Baldwin est l'intellectuel, émotif et sincère, c'est-à-dire déchiré, intelligent et passionné, qui comprend tout et pardonne beaucoup, qui a des amis dans le camp adverse, qui ne pourra pas, lui, abandonner ses amitiés, ses amours, mais qui sait que ses amitiés, ses amours sont déjà condamnées et impossibles. Car il a compris aussi que le Modéré a déjà tort, que la modération et la compréhension sont déjà dépassées, submergées, par la violence qui monte et s'organise épouvantablement dans les deux camps.

Or, la violence, c'est Malcolm X ; avec lui, c'est fini : Malcolm ne comprend plus et ne veut plus comprendre personne. Il n'a pas d'amis de l'autre bord et peut-être n'en a-t-il jamais eu ; en tous cas, il se refuserait à en avoir, car, pour lui, le combat a commencé, qui prime tout, et on ne pactise pas avec l'ennemi. L'homme de la violence accuse, condamne, exclut même davantage parmi les siens, car un Noir qui ne lutte pas de toutes ses forces est pire qu'un adversaire, c'est un traître ; c'est-à-dire un être nocif et vil, plus dangereux que l'ennemi extérieur, car il est sournois et trompeur. Entre Malcolm et King, l'opposition semble absolue, la distance infranchissable, par l'un comme par l'autre. Manifestement, King préfère éviter de parler de Malcolm X ; sa patience et son amour des hommes risqueraient de l'abandonner. Malcolm ne mâche pas ses mots : « King est la meilleure arme que les Blancs aient jamais eue... »

Et pourtant, King, Baldwin, Malcolm X, ne sont pas trois solutions historiques possibles au problème noir, entre lesquelles les Américains pourraient choisir. Il n'existe pas plusieurs visages d'opprimés ; l'un, conciliant et de bonne compagnie ; l'autre, esthète, prêt au dialogue malgré tout, et qui espère encore avidement convaincre ; le troisième, désespéré, qui ne croit plus qu'au combat. Il n'y en a qu'un seul, qui bouge, qui se transforme lentement, de l'étonnement douloureux et encore plein d'espoir, à la haine et à la violence, aux envies de meurtre et de destruction. King, Baldwin et Malcolm X jalonnent le même et implacable itinéraire de la révolte, dont il est rare que le ressort, une fois lâché, ne se détendra pas jusqu'au bout.

Assurément, la figure de King est la plus noble, comme on dit, la moins inquiétante : « Aimez vos oppresseurs comme vous-mêmes » dit-il, ou presque. Et encore ajoute-t-il ce presque, parce que cet amour contre-nature scandalise ses propres troupes. Il faut lire ses délicats distinguos sur les différentes sortes d'amour. Ce n'est pas seulement ingénieux et subtil ; cela correspond, je crois, à une vérité profonde chez tout opprimé : l'opprimé n'a pas que du ressentiment, d'abord, envers son oppresseur. Il l'admire, et l'aimerait, en effet, d'une sorte d'amour, s'il le pouvait.

Du point de vue de l'hygiène mentale, c'est peut-être plus sain, plus reposant pour tout le monde, l'opprimé y compris. King propose en somme une espèce de Yoga collectif, une leçon de relaxation et de maîtrise de soi, qui n'est pas dénuée de séduction. Apprendre à rester calme, à se décontracter intérieurement, même devant l'insulte et même sous les coups, demande un courage certain. Et King n'en manque assurément pas : quatorze fois en prison, et toujours prêt à recommencer ses manifestations non-violentes, qui se terminent rarement sans quelques violences contre les seuls Noirs.

Seulement, dit Baldwin, seulement on n'écoute déjà plus cet homme admirable ; ni les Noirs, ni les Blancs. Si King conserve quelque autorité morale dans le Sud, il n'en a plus aucune dans le Nord. King a certainement évité à l'Amérique bien des effusions de sang ; ce qui lui a valu légitimement le prix Nobel de la paix. Il a certainement beaucoup fait pour maintenir l'unité de la nation américaine ; mais faut-il encore continuer à tenir à cette unité ; or s'agit-il bien de cela désormais pour le Noir américain ? L'amour de l'adversaire, affirme King, l'absence de riposte, sont bien plus efficaces que la haine et la violence révolutionnaires. Est-ce bien sûr à un certain degré de l'oppression ? On sait combien le souvenir de Gandhi continue à hanter les imaginations ; on comprend qu'un chef révolutionnaire soit tenté, à un moment donné, par cette opération apparemment si économique : une révolution sans violence. Mais entre King et

Gandhi, la différence est capitale : les Hindous étaient innombrables, face à une poignée d'Anglais ; les Noirs sont 20 millions, au milieu de 200 millions de Blancs pour le moins complices de leur misère. Il suffisait aux Hindous de s'allonger pour couvrir la surface de la terre, pour noyer leurs oppresseurs dans une marée humaine. Des locomotives, nous a-t-on raconté, finissaient par s'arrêter, paralysées par les corps des hommes qui se couchaient sur la voie. Les Noirs sont à un contre dix, plus les chiens : ils appartiennent à ce type d'opprimé, le plus fragile, dont le malheur est aggravé par la solitude du minoritaire. La preuve ? Les paisibles manifestations organisées par King ne réussissaient à peu près que là où les Noirs étaient tout de même relativement nombreux.

Face au prestige de King (Noir, mais couronné), à l'humanité de King (il est pasteur), à l'instruction de King (il est docteur en théologie) aux bonnes manières, à l'habileté, à la maîtrise de soi, à la courtoisie de King, la figure de Malcolm X semble sinistre. Elle l'est peut-être effectivement. Cet homme qui ne boit pas, ne fume pas, évite les femmes, paraît si froidement haineux, si passionnément calculé, tendu vers un but exclusif, qu'il est à la limite du supportable. Il est certainement décidé au pire et ne reculera probablement devant rien ; il s'était publiquement réjoui de l'assassinat de Kennedy (ce qui m'avait rappelé l'atroce jubilation d'un camarade colonisé, à l'annonce des terribles inondations de Hollande qui firent tant de morts ; il ne voyait, dans ces cadavres, que d'ex-colonisateurs). Bref, odieux aux autres, et fort probablement à lui-même.

Mais c'est que la figure du révolté n'est pas belle, voilà l'affreuse vérité ; elle est de moins en moins supportable, à mesure qu'il consent à sa révolte. Elle se couvre de grimaces et de tics, qui sont les fleurs vénéneuses de l'humiliation intérieure et de la colère, dorénavant impossibles à contenir. Il y a quelques années, à la suite de la publication du « *Portrait du Colonisé* », on me demandait pourquoi je ne traçais pas également un Portrait du Dé-colonisé. Je n'aimais pas la question, elle me paraissait sournoise ; elle sous-entendait, je suppose : « voyez ce qu'ils sont devenus, ces ex-colonisés, que vous défendiez tant ! Voyez ce qu'ils font de leur liberté, qu'ils on tant réclamée : du désordre et de la

les chemins de la révolte ——————— 15

haine, du racisme à rebours, un beau gâchis ! » Le Congo fut le triomphe de ces bonnes âmes. La décolonisation faisait sauter le vieil ordre colonial sans arriver rapidement à proposer le sien. Il est exact que le visage du révolté est plus effrayant que celui de l'opprimé, qui fait encore bon ménage apparent avec son oppresseur. Le Noir qui entreprend sa révolte est certainement moins sympathique, comme on dit, que celui du Bon-Nègre, cireur de souliers ou valet d'hôtel particulier, même décidé à manifester sous la houlette de King.

Seulement, il faut comprendre enfin qu'*il s'agit du même personnage*. De la même dynamique de la révolte à différents moments de son itinéraire. Si je n'avais pas tracé un portrait séparé du Dé-colonisé, c'est finalement parce qu'il me paraissait évident qu'il était le même, à quelques nuances près, que celui du Colonisé. Simplement, le Dé-colonisé accomplissait, parachevait l'itinéraire de la révolte. Le Dé-colonisé, on l'oubliait trop, n'était que l'homme en voie de décolonisation, c'est-à-dire qu'il continuait à se définir par rapport à la colonisation. La plupart de ses démarches souvent fort ambiguës, vis-à-vis de l'Européen, s'expliquaient encore ainsi : sa révolte n'était pas tout à fait close ; d'où, par exemple le ressentiment encore vivace et la vieille admiration renaissante[1].

De même, le rôle joué par King et celui de Malcolm X ne sont pas historiquement exclusifs ou contradictoires : l'un appelle l'autre, l'un suit l'autre et le conclut. King est l'opprimé qui se maîtrise encore parce qu'il croit encore le dialogue possible. Si l'on veut discuter, il faut inspirer confiance, ne pas trop demander d'abord, ne pas effaroucher son adversaire même par des misères trop dégoûtantes ; ce jour-là, on mettra ses vêtements du Dimanche, et on ne lui jettera pas sa colère à la face, et pas même son humiliation. Plus profondément encore, King est l'opprimé qui s'obstine à vouloir ressembler à son oppresseur, lequel reste pour lui le modèle. Mais voici probablement le relais décisif, la plaque tournante qui va orienter le destin définitif du révolté : Malcolm refuse furieusement toute ressemblance avec le Blanc. Il a pris son congé, il a rendu son tablier

---

[1] Tout cela, je l'ai d'ailleurs tout de même esquissé en quelques pages, vers la fin du *Portrait du colonisé*.

à son maître, sur qui dorénavant il crache.

Ici commence, il est vrai, un nouveau et passionnant chapitre de l'histoire de l'opprimé. Dorénavant, il veut marcher seul, se découvrir une voie spécifique et solitaire, hors de tout commerce avec son ancien maître, et d'abord contre lui ; dorénavant, il consentira à ses propres grimaces, qu'il ne veut plus camoufler, il s'en servira plutôt, il en fera d'effrayants rictus de haine. Il assumera, en somme, toute sa négativité. Mais, en même temps, comme la solitude n'est pas aisée, il cherchera en lui-même, cette fois, la force nécessaire pour la supporter. Il se persuadera, par exemple, que son passé, les valeurs des siens, sont pleines d'une inépuisable grandeur, qu'il suffirait d'y revenir pour y découvrir toute l'humanité nécessaire pour vivre et combattre. Bref, alors que toute la philosophie de King se résume dans l'intégration, celle de Malcolm prépare déjà l'indépendance.

Et pourtant, je le répète, il n'y a pas entre les deux hommes de rupture ou de nouveauté absolue. Baldwin, tellement plus près de King, affectivement du moins, ne cesse d'expliquer, d'excuser Malcolm et les

Black Muslims[1] qui lui font tellement peur. Il a raconté ailleurs la visite qu'il leur a faite, et la fascination horrifiée qu'il en a éprouvé : il pressent qu'ils sont l'aboutissement logique, inéluctable peut-être, de la révolte noire, si les Blancs s'obstinent — et rien ne laisse croire qu'ils ne s'obstineront pas. Alors, menace Baldwin, alors, la prochaine fois, le feu ! Malcolm ne dit pas autre chose : le feu. Il ajoute seulement qu'il est inutile d'attendre, que l'heure est arrivée, que tout le reste est dorénavant bavardages, atermoiements, et donc trahison du peuple noir, qui ne peut plus attendre davantage.

Mieux encore : le relais entre les deux attitudes n'est pas seulement linéaire, consécutif, il est d'une rigoureuse logique interne : ce double mouvement de refus de l'oppresseur et d'affirmation de soi, qu'inaugure dorénavant le révolté, est l'envers exact de l'attitude habituelle de l'opprimé, qui est refus de soi et valorisation de l'oppresseur.

---

[1] Je sais bien que Malcolm a rompu avec les Black Muslims, et qu'ils l'ont peut-être assassiné, mais il n'y a pas entre eux de divergence foncière de doctrine.

Pour King, comme pour Baldwin encore, le Noir américain est un citoyen américain comme les autres ; du moins en droit : son idéal et sa seule issue, son devoir et sa juste ambition, est de ressembler à ses concitoyens blancs. Le regretté Richard Wright, l'auteur de *Black Boy,* la meilleure protestation noire jusqu'à ce jour, n'a pourtant jamais cessé de clamer : « Je suis d'abord un américain ! » Autrement dit, ce qu'il peut y avoir de différent entre Blancs et Noirs, ne doit pas être mis en relief ; il est d'ailleurs souvent illusoire. En somme, comme tous les opprimés, le Noir américain s'est d'abord refusé comme Noir autant qu'il l'a pu, et même bien plus qu'il ne le pouvait. Qu'on relise les scènes pitoyables, racontées par le même Richard Wright, dans son reportage sur le rassemblement de Bandoung ; ces femmes noires qui essayaient désespérément de se faire défriser les cheveux, ou ces fortunes dépensées en poudre de perlimpinpin à se faire blanchir. C'est qu'il s'agissait de se vider de soi, pour y faire la place au modèle blanc, pour simuler le Blanc jusqu'à devenir lui, pour devenir enfin un parfait citoyen américain, c'est-à-dire nécessairement un Américain blanc.

Or, tous ces efforts sont vains. On ne s'arrache pas ainsi de soi-même, on ne peut pas vivre impunément en se haïssant. Le désespoir noir se réfère sans cesse à cette perte d'identité. « Personne ne sait mon nom ! » titrait Baldwin pour l'un de ses livres. Et surtout, le Blanc n'a pas voulu se laisser imiter. Ne l'oublions jamais : l'assimilation est d'abord refusée par l'oppresseur : c'est ensuite qu'elle est abandonnée par l'opprimé, c'est alors seulement que naissent les Malcolm X. Le Blanc n'a pas voulu se laisser aimer et admirer : il devra donc subir à son tour le sarcasme et la violence, qu'il pratiquait avec tant de désinvolture. Et cette fois, il n'y pourra rien ; l'oppresseur peut décourager l'amour, il ne peut rien contre la haine, qu'il a lui-même suscitée, sinon l'augmenter. Malcolm est le fruit empoisonné de la haine noire, mais cette haine est née d'un grand amour déçu. La violence de Malcolm X, enfin, aussi terrifiante et peut-être discutable soit-elle, est la réplique inévitable des refus opposés aux Noirs pendant si longtemps.

Il me faut avouer ici qu'il ne m'est pas si commode de défendre entièrement Malcolm X. A cause d'une certaine démagogie, que je n'aime pas, même chez un opprimé, à cause de son racisme, et pourquoi ne le dirais-je pas précisément, à cause de son antisémitisme. Mais tant pis. Ce n'est pas l'un des moindres malheurs de l'oppression que les opprimés en arrivent à se haïr les uns les autres. La rivalité judéo-arabe est l'un des non-sens les plus dommageables de l'histoire de l'oppression. Les prolétariats européens n'ont guère sympathisé, pour le moins, avec les colonisés en lutte ; et les domestiques se trouvent rarement du côté des prolétaires. Sans excuser ces erreurs graves, il nous a bien fallu considérer séparément chaque opprimé, et admettre sa lutte comme telle, avec ses déviations. Il faut bien constater que, malgré ses outrances et ses faux calculs démagogiques, Malcolm X est un révolté authentique, l'expression adéquate de la révolte noire américaine, dont il a la juste intuition et dont il traduit les aspirations, plus ou moins confuses encore, mais qui iront probablement en se précisant dans le sens qu'il indique.

C'est dans la même perspective, je crois, qu'il faut comprendre la véritable mythologie qu'il propose aux siens et que beaucoup adoptent déjà d'enthousiasme, devant nos yeux incrédules ou scandalisés. Pour Malcolm X, donc, le combat définitif est commencé ; il n'est pas seulement imminent, comme pour Baldwin ; il n'est pas une espèce de jeu d'adresse, d'endurance et d'esquive, comme pour King. C'est un vrai combat, mortel, avec des matraques et des chiens, et de temps en temps un assassinat, auquel le Noir, provisoirement, ne peut répondre. En attendant, il faut se préparer activement à l'affrontement direct ; il faut en particulier raffermir le moral des troupes. Or, comment y arriver, sinon en leur donnant une haute idée d'eux-mêmes et de leur mission ? Je n'aime pas plus le recours aux mythes qu'à la démagogie. Mais où trouver une meilleure source de fierté de soi que dans ces images collectives fabuleuses ? Quel chef de guerre n'en est tenté dans les moments dramatiques ? Surtout lorsque ces troupes doutent d'elles-mêmes, précisément, ne faut-il pas leur forger une identité nouvelle, d'autant plus glorieuse qu'elles ont vécu plus longtemps dans le mépris et l'anonymat culturel ?

les chemins de la révolte ——————— 23

Nous allons assister ainsi à la révélation, démesurément agrandie, d'un Noir nouveau, et bien entendu, d'un Blanc nouveau, mais qui seraient le Noir et le Blanc véritables, enfin découverts et proclamés. Plus l'humiliation a été grande, plus la négritude du Noir doit être adorable[1]. Et plus le Blanc a déçu, plus il doit être mis plus bas que terre. Toute la structure de l'univers va être remaniée en fonction de cette urgente efficacité ; le passé et l'avenir, l'art et la métaphysique ; le premier homme était noir et l'homme futur sera noir, et jusqu'à Dieu lui-même, qui a toujours été noir, et non blanc, comme le prétendent les exégètes tendancieux et ignorants des Écritures Saintes.

Mythes, bien sûr ! Délires collectifs aussi désastreux que ceux de l'oppresseur ! Certes, et Baldwin l'intelligent, Baldwin l'artiste, le découvre avec effroi et le suggère avec tristesse, et colère quelquefois. Mais, s'il s'agit de mythes, ce sont plutôt des *contre-mythes,* des réponses délirantes

———————

[1] Et nul doute que la négritude est, entre autres, une image mythique motrice.

aux délires de l'accusateur. Le Blanc est un horrible monstre, affirme Malcolm, et le Noir est un ange ; toute la civilisation est d'origine noire, nous avait déjà expliqué un auteur africain : il le fallait bien, puisque le Blanc avait fait du Noir un monstre et s'était imposé lui-même comme idéal de culture, de beauté et de vérité. Malcolm ne veut que dissiper une imposture : la justice et la logique étaient exactement de l'autre côté. L'Histoire s'étant trompée de signe, la révolution devenait nécessaire.

Et puis, que nous propose-t-on d'autre ? La tactique amoureuse de King est-elle moins mythique que la violence ouverte de Malcolm ? N'y a-t-il pas quelque chose de totalement irréel à prétendre régler le problème noir « en troublant le sentiment d'auto-satisfaction du Blanc ? ». A désarmer l'oppresseur en l'aimant malgré lui ? Comme s'il était impossible à l'opprimé, dans une si profonde misère, de se passer de fantasmes. Voyez l'importance de la religion chez tous les leaders noirs : King est pasteur, fils et petit-fils de pasteur, Baldwin a prêché en chaire, Malcolm abjure le christianisme, mais c'est pour adopter une autre religion, l'Islam. Cette conversion des révolutionnaires noirs à l'Islam a fait couler beaucoup d'encre et suscité étonnement et ironie. L'affaire me paraît pourtant simple : l'Islam a joué le rôle exact de contre-mythe au christianisme. Certes, il est également la religion de beaucoup de colonisés africains (et la référence à l'Afrique ira en s'accentuant)[1], alors que le christianisme est par excellence la religion de l'oppresseur blanc. Mais, entre les mains des Black Muslims, l'Islam devient en outre fantastique, et il n'est pas sûr que les Musulmans du monde entier reconnaissent encore leur religion dans cet univers d'anges noirs et de damnés blancs.

Mais, devant l'extraordinaire ségrégation raciale, qui scinde radicalement le pays le plus industrialisé du monde, il fallait, probablement, pour le moins des armes miraculeuses. Pour oser s'en prendre à une situation apparemment bétonnée, il

---

[1] La fondation par Malcolm, la veille de sa mort, du mouvement afro-américain est peut-être encore un mythe ; elle est peut-être un coup de génie : elle indique en tous cas une issue dans une situation impossible.

fallait des mythes terribles, dévastateurs. Pour le moins, une condamnation radicale de l'homme blanc et un nouveau messianisme en faveur de l'homme noir. Il a bien fallu la Terre Promise et la Colonne de Feu, pour persuader les Hébreux de quitter l'Egypte ; mythes intégralement repris par les sionistes modernes. Sinon, où l'opprimé si longtemps asservi, trouverait-il la force de surmonter son esclavage ? Devant la révolte à entreprendre, devant un ennemi si puissant, comment l'opprimé ne se sentirait-il pas misérable et nu, comme ses mains désarmées ? Seule l'assurance de posséder une barque magique ou de gagner une place au grand paradis noir, le seul authentique, le fera affronter un ouragan, qu'il lui faut bien déclencher, mais où il risque d'être enseveli avec son oppresseur.

En vérité, King comme Malcolm, utilisent deux mythes, deux contre-mythes, nés de la condition du Noir américain. Tous les deux exigent la liberté et la dignité pour les leurs, mais chacun traduit à sa manière l'une des réponses possibles de l'opprimé à son oppresseur. King pense désarmer le Blanc par un grand acte d'amour répété jusqu'à la fusion, jusqu'à l'identification. Cela n'est pas absurde, tant que l'on espère que le Blanc finira par consentir à cet amour. Dans cette attente, la patience et les rêveries de King sont certainement les plus adéquates. Mais comment l'oppresseur y consentira-t-il jamais, alors qu'il devra déposer ses privilèges dans la corbeille de mariage ? Sans compter, dans le cas du blanc américain, l'effroi de devoir renoncer à l'image qu'il a de lui-même et de l'Amérique. Historiquement, les nuits du 4 Août sont rares, ou illusoires. Elles ont rarement empêché l'opprimé de découvrir que son attente était vaine, et la révolte de suivre son cours. Malcolm n'est que l'intuition désespérée de cette vanité ; la révolte, c'est d'abord le constat d'une situation impossible.

Alors, bien sûr, commence l'heure de la démesure. Et certes, la révolte gâche, irrémédiablement peut-être, la chance de l'intégration : le révolté est certes l'homme de la séparation définitive. Mais, n'était-il pas déjà séparé ? A qui la faute, s'il n'entrevoit plus son salut que dans le divorce et la violence ? Plus tard, peut-être, on retournera aux Baldwin, à une plus exacte lucidité sur soi, sur les siens et sur les autres. En attendant, une fois engagé dans la tempête, comment le révolté pourrait-il avoir une juste mesure de soi-même, alors qu'il a été si démesurément écrasé et humilié, et qu'il est obligé de s'opposer démesurément ?

Albert MEMMI.

1
———

James Baldwin

Physiquement James Baldwin est petit, mais doué d'une force émotionnelle et intellectuelle considérable. Il donne l'impression d'être sensible de tous ses nerfs à ce qui l'entoure. Il semble parler avec son corps tout entier. Ses idées, ses sentiments et ses paroles sont en complète harmonie. Dans sa conversation il est la spontanéité même et l'on a l'impression qu'il est incapable de communiquer autre chose que la vérité totale de ce qu'il éprouve et pense à un moment donné. Je commençai l'interview en lui posant des questions sur son enfance et, vu les circonstances[1], *il ne faut pas s'étonner qu'il m'ait répondu :*

— Quelle drôle de question ! J'ai l'esprit à autre chose, vraiment ; mais pendant que j'y pense, je suis né à Harlem, Hôpital de Harlem, et nous avons grandi — la première maison dont je me souviens c'était Park avenue[1], mais pas l'American Park Avenue, ou peut-être que si.

Clark. — *Uptown Park Avenue.*

Baldwin. — Uptown Park Avenue, où il y a les rails de chemin de fer. Nous allions jouer sur le toit et dans la — je ne peux pas appeler çà une ruelle — mais près de la rivière — c'était une sorte de dépôt d'ordures. C'est la première, ce sont les premières scènes que je me rappelle. Je me rappelle que mon père avait du mal à nous faire vivre ; nous étions neuf. Et

---

[1] Juste avant l'interview, James Baldwin avait rencontré Robert Kennedy, alors ministre de la Justice. Il était encore sous le coup de cette entrevue qui s'était soldée par un échec.

[1] *Park Avenue :* une des artères les plus « résidentielles » de New York, change complètement à mesure qu'elle monte vers le nord (uptown) et Harlem.

j'étais l'aîné, aussi c'était moi qui m'occupais des gosses et qui m'arrangeais avec Papa. Je le comprends beaucoup mieux maintenant. Ses problèmes venaient surtout de ce qu'il ne pouvait pas donner à manger à ses gosses, mais à ce moment-là j'étais un gosse et je ne le savais pas. Et il était très religieux et très strict. Il nous a tenus en main, je dois le dire. Et quand j'y repense — après tout il y a près de quarante ans que je suis né — quand je repense à ma jeunesse et que je repasse devant la maison aujourd'hui, car elle est toujours là, et quand je pense aux gosses qui habitent là maintenant, je me rends compte qu'il s'est passé quelque chose d'horrible, que j'aurais du mal à décrire. Je suis un homme du Sud dans tous les sens du terme, sauf pour l'état-civil. Mon père était né dans le Sud — non, ma mère était née dans le Sud, et s'ils avaient attendu quelques secondes de plus j'aurais pu naître dans le Sud. Mais cela veut dire que j'ai été élevé dans une famille dont les racines étaient essentiellement rurales...

C. — *rurales du Sud.*

B. — Rurales du Sud, et dont les rapports avec l'église étaient directs, parce que c'était leur seul moyen d'exprimer leur souffrance et leur désespoir. Mais vingt ans plus tard l'autorité morale, qui existait dans la communauté noire du Nord au temps de mon enfance, a disparu. Et les gens parlent de progrès, et je regarde Harlem que je connais bien — je le connais comme ma propre main — et les choses y vont bien plus mal que du temps de ma jeunesse.

C. — *Pensez-vous que c'est vrai aussi pour les écoles ?*

B. — C'est bien pire dans les écoles.

C. — *A quelle école avez-vous été ?*

B. — A l'école publique n° 24 et à l'école secondaire n° 139.

C. — *Nous sommes d'anciens condisciples. J'ai été à l'école 139.*

B. — Il y avait beaucoup de professeurs que je n'aimais pas, mais j'ai eu deux ou trois professeurs qui ont été très chics avec moi ; l'un d'eux était un Noir. Et je me rappelle — vous me posez ces questions et j'essaie d'y répondre — je me rappelle quand je rentrais chez moi, vous imaginez que je devais être très jeune, et ma mère me demandait si mon professeur était noir ou blanc, et je disais qu'elle était un peu noire et un peu blanche, mais elle avait à peu près la même couleur de peau que vous. Et en fait j'avais raison. Cela fait partie du dilemme du Noir américain ; on est un peu noir et un peu blanc, pas seulement du point de vue physique, mais dans la tête et dans le cœur et il y a des jours — comme aujourd'hui — où l'on se demande quel rôle on joue, et quel avenir on a dans ce pays, comment faire pour concilier cette idée avec notre situation actuelle, et comment faire pour montrer à la vaste majorité blanche insouciante, irréfléchie et cruelle, que nous sommes là. Et être là, ça veut dire que l'on ne peut pas être ailleurs. Personnellement, je pourrais quitter ce pays et aller en Afrique, je pourrais aller en Chine, je pourrais aller en Russie, je pourrais aller à Cuba, mais je suis Américain, et ça c'est un *fait*.

C. — *Oui, Jim...*

B. — Est-ce que je vais trop loin ?

C. — *Non, ce sont des choses de ce genre que nous attendons, mais, quand je lis vos œuvres, sachant que vous sortez de l'école 24 et de ma propre Alma Mater, l'école secondaire 139, je me dis que vous n'auriez pas pu écrire avec cette sensibilité et ce talent si vous n'aviez pas reçu, à l'école 24 et à l'école 139, une certaine instruction. Mais je voudrais revenir à cette remarque que vous avez faite sur la différence entre le Harlem de votre jeunesse et le Harlem d'aujourd'hui, et voir si ce problème et celui des écoles sont liés.*

B. — Voyons. Essayons de relier les deux. Une chose qui a probablement été très importante pour moi — il y a longtemps que je n'y ai pas réfléchi — c'était important au moment où j'allais à l'école 24 — l'école était dirigée par un Noir, le seul directeur noir de toute l'histoire de New York, à ma connaissance — une directrice qui s'appelait Madame Ayer, et elle m'aimait bien. Et je crois que c'est elle qui m'a prouvé que je ne devais pas me laisser définir entièrement par ma condition, parce que, vous savez, tout enfant noir connaît sa condition, même s'il ne peut l'exprimer, parce qu'il est né dans une république qui l'assure par tous les moyens disponibles, de toutes ses forces, qu'il a une certaine place dans la société, et qu'il ne pourra jamais monter plus haut. Et ce qui a changé à Harlem depuis mon enfance, c'est que la génération de Madame Ayer a disparu.

C. — *Madame Ayer était une sorte de modèle.*

B. — C'était une preuve, une preuve vivante que je n'étais pas nécessairement ce que le pays voulait que je sois.

C. — *Alors, Jim, le fait que nous n'ayons pas un seul directeur noir dans les écoles publiques de New York aujourd'hui est significatif.*

B. — Et ce n'est pas parce que « il n'y a pas de personnel capable », vous savez. Nous sommes impliqués dans une bataille très curieuse et très grave ; et à ce sujet le moment est venu d'être aussi explicite que possible. Les grandes victimes, dans notre pays, de cette institution appelée ségrégation (ce n'est pas une coutume du Sud, mais un mode de vie national, depuis cent ans), les grandes victimes sont des Blancs, les enfants des Blancs. Lorraine Hansberry me disait cet après-midi — nous parlions de la difficulté pour un noir d'être un homme dans notre société — Lorraine disait que le problème de la virilité des Noirs ne la préoccupait pas vraiment, car ils avaient réussi à supporter et même à transcender des choses fantastiques, mais ce qui l'inquiétait, c'était l'état d'une société capable de produire cinq agents de police piétinant une femme noire, à Birmingham, ou ailleurs, je ne sais plus, et je suis inquiet, moi aussi. Je suis terrifié par l'apathie morale, par la mort du cœur, qui se produit dans mon pays. Ces gens se mentent à eux-mêmes depuis si longtemps qu'ils pensent vraiment que je ne suis pas un être humain. En disant cela, je pense à leur conduite, et non à ce qu'ils disent, et cela signifie qu'au fond d'eux-mêmes ils sont moralement devenus des monstres. C'est une accusation terrible, mais ce que je viens de dire, je le pense sincèrement.

C. — *Eh bien, nous abordons le problème de l'affrontement des races dans l'Amérique d'aujourd'hui. Je pense que les photos de chiens, tenus par des êtres humains, attaquant d'autres êtres humains...*

B. — Dans un pays libre, au milieu du vingtième siècle.

C. — *Ce qui se passe à Birmingham n'est pas vrai seulement pour Birmingham, comme vous l'avez montré avec tant d'éloquence. Que peut-on faire à votre avis pour changer la fibre morale de l'Amérique, selon vos propres termes ?*

B. — Je pense qu'il faut trouver un

moyen de mettre le gouvernement américain actuel en face de ses responsabilités. Il faut d'une manière ou d'une autre forcer Washington à s'engager moralement, non pas vis-à-vis du peuple noir, mais vis-à-vis de l'existence même de notre pays. Le mal que l'ont peut me faire — je parle pour moi Jimmy Baldwin, et, je crois, pour beaucoup d'autres Noirs — le mal que l'on peut me faire n'a plus d'importance ; vous pouvez me mettre en prison, vous pouvez me tuer. Avant que j'aie dix-sept ans, vous m'aviez déjà fait tout le mal que vous pouviez me faire. Le problème maintenant c'est de savoir comment vous allez faire pour assurer *votre* salut. J'ai éprouvé un grand choc — et je veux le dire sur les ondes — en voyant que le Ministre de la Justice ne savait pas...

C. — *Vous voulez parler du Ministre de la Justice des Etats-Unis ?*

B. — De Monsieur Robert Kennedy, oui — il ne savait pas que j'aurais du mal à convaincre mon neveu d'aller se battre à Cuba, par exemple, pour libérer les Cubains, et défendre ainsi un gouvernement qui prétend avoir fait le maximum, et qui se montre incapable de me libérer moi. Or, il y a vingt millions de Noirs en Amérique, et vous ne pouvez pas les mettre tous en prison. Je sais ce que pense mon neveu, je sais ce que je pense, je sais ce que pensent les gars chez le coiffeur. La semaine dernière, un garçon de seize ans, à San Francisco, me disait à la télévision — Dieu merci on a pu le faire parler, et je connais quelqu'un qui aurait bien dû l'écouter — il disait : « j'ai pas de pays, j'ai pas de drapeau ». Or il n'a que seize ans, et moi j'étais incapable de lui dire le contraire. Je ne connais aucun fait qui puisse lui prouver le contraire. On était en train de lui démolir sa maison, car à San Francisco on s'occupe, comme dans la plupart des villes du Nord à l'heure actuelle, de ce qu'ils appellent rénovation urbaine ; en fait çà veut dire expulsion des Noirs, et c'est tout. Et le gouvernement fédéral en est complice. Or nous parlons d'êtres humains, il ne s'agit pas d'un mur monolithique, ou d'une abstraction appelée le problème noir ; il s'agit de garçons et de filles noirs, qui à seize et dix-sept ans ne croient pas que le pays leur parle sincèrement, et sentent qu'ils n'ont pas leur place ici, à en juger par les actes du pays tout entier.

C. — *Mais maintenant, Jim...*

B. — Est-ce que j'exagère ?

C. — *Non, je ne peux absolument pas dire que vous exagérez, mais il y a cette image d'un groupe de jeunes étudiants noirs du Sud, qui viennent d'universités dont le système tout entier semble conspirer à les empêcher d'être courageux, intègres, lucides et prêts à prendre les risques qu'ils prennent depuis trois ou quatre ans. Comment réagissez-vous devant le mouvement universitaire non-violent, qui a eu une telle influence sur l'Amérique, qui a touché à la fois les Noirs et les Blancs, et semble les avoir bousculés suffisamment pour les faire sortir de leur léthargie, de leur modération, et de leurs gestes purement symboliques ? Comment expliquez-vous ce fait, Jim ?*

B. — Bien sûr, une des raisons de ces événements, Ken, c'est qu'à l'origine le Noir n'a jamais été aussi docile que les Américains blancs voulaient le croire. Cela c'était un mythe. Nous ne passions pas notre temps à chanter et à danser au bord du Mississipi. Nous essayions de rester vivants, nous essayions de survivre à un système extrêmement brutal. Le Noir n'a jamais été heureux à « sa » place dans la société. Ce que ces gars ont d'abord prouvé, c'est *ça*. Ils viennent d'une longue lignée de lutteurs. Et ce qu'ils veulent aussi — je cherche à en arriver à votre question, vraiment — ce qu'ils prouvent aussi ce n'est pas que le Noir a changé, mais que le pays en est arrivé à un stade où le Noir ne peut plus contenir la révolte. Il ne peut plus le faire comme il pouvait autrefois — j'étais, mettons, un Noir président d'un collège, et j'avais besoin d'un nouveau labo de chimie, alors j'étais un leader noir. J'étais un leader noir parce que le Blanc disait que j'en étais un, et j'avais mon nouveau labo de chimie. « S'il vous plaît m'sieur » et le prix tacite que je payais ce labo de chimie était contrôlé par les gens que je représentais. Et maintenant je ne peux plus le faire. Quand le garçon a dit cet après-midi — nous parlions à un étudiant noir, cet après-midi, qui a subi tout cela, qui est à moitié mort et il n'a que vingt-cinq ans. Il s'appelle Jérome Smith. C'est beaucoup de choses à supporter pour une seule personne. Le pays est resté assis d'admiration pour tous ces gars depuis trois, quatre ou cinq ans, et il n'a pas levé le petit doigt pour les aider. Or nous savions tous... Je sais que vous le saviez, et je savais aussi, que le moment venait où nous ne pourrions plus rien garantir, et que personne ne peut jamais garantir qu'il n'arrivera pas au point de rupture. On ne peut survivre à tant de coups, tant d'humiliations, tant de désespoir, tant de promesses non tenues, sans que quelque chose ne cède. Les êtres humains ne sont pas naturellement non-violents. Ces enfants ont dû payer un prix terrible sous forme de discipline, de discipline morale, d'un effort intérieur de courage que le pays ne peut imaginer, parce qu'il croit toujours que Gary Cooper, par exemple, était un homme. Je parle de son image — je n'ai rien contre lui personnellement, vous savez.

C. — *Vous avez dit qu'on ne peut pas espérer qu'ils resteront toujours non-violents.*

B. — Non, on ne peut pas. Impossible ! Et, en plus, ces étudiants dont nous parlions ont toujours été une minorité — ces étudiants dont nous parlions — pas à Tallahassee. Il y avait des étudiants qui protestaient, mais il y en avait beaucoup, beaucoup, beaucoup plus qui avaient renoncé, qui désespéraient, et que Malcolm

X, par exemple, peut toucher beaucoup plus facilement que moi.

C. — *Que voulez-vous dire ?*

B. — Eh bien Malcolm X leur dit... ce que Malcolm leur dit en fait c'est qu'ils devraient être fiers d'être noirs, et Dieu sait qu'ils ont de quoi être fiers. C'est très important d'entendre çà dans un pays qui vous assure que vous devriez en avoir honte. Bien sûr, pour le faire, il doit détruire une vérité et inventer l'histoire. Ce qu'il fait, c'est de dire : « vous valez mieux *parce que* vous êtes noirs ». Et bien sûr, çà n'est pas vrai. C'est çà l'ennui.

C. — *Pensez-vous que cette attitude exerce un grand pouvoir d'attraction, et que les Musulmans Noirs, quand ils prêchent la suprématie nègre, cherchent à exploiter le sentiment de frustration des Noirs ?*

B. — Je ne le pense pas, pour parler aussi simplement que possible, et sans chercher à analyser maintenant les motifs de tel leader musulman. C'est le seul mouvement du pays qui ait vraiment des racines dans le peuple. Ça m'ennuie beaucoup de le dire, mais c'est vrai. Parce que c'est le seul — quand Malcolm parle, ou quand les ministres musulmans parlent, ils expriment les pensées de tous les Noirs qui les entendent, qui les écoutent. Ils expriment leurs souffrances, ces souffrances que le pays nie depuis si longtemps. C'est là que réside la grande autorité de Malcolm sur tous ses publics. Il corrobore leur réalité ; il leur dit qu'ils existent réellement.

C. — *Jim, pensez-vous que cet appel soit plus efficace que celui de Martin Luther King ?*

B. — Il est plus sinistre parce qu'il est beaucoup plus efficace. Il est beaucoup plus efficace parce qu'après tout il est relativement facile de donner à une population un bon moral injustifié en lui donnant un sentiment de supériorité injustifié, et ça finit toujours par s'écrouler en cas de crise. C'est ça l'histoire de l'Europe, tout simplement, et c'est une des raisons pour lesquelles nous sommes dans cet endroit terrible. C'est une des raisons pour lesquelles on voit cinq flics piétiner une Noire à Birmingham, parce qu'à un certain moment ils ont cru, on leur a enseigné et ils l'ont *cru,* qu'ils étaient meilleurs que les autres parce qu'ils étaient blancs. Cela mène à une faillite morale. C'est inévitable, çà ne peut pas mener à autre chose. Mais ce que je veux souligner ici, c'est que le pays s'inquiète pour la première fois à cause du mouvement musulman. Il n'a pas à s'inquiéter du mouvement musulman, ce n'est pas çà le problème. Le problème c'est d'éliminer les conditions qui ont engendré le mouvement musulman.

C. — *Je voudrais revenir en arrière, et vous demander ce que vous pensez des rapports entre l'appel de Martin Luther King, c'est-à-dire en fait la non-violence, et sa philosophie d'amour systématique pour l'oppresseur.*

B. — Eh bien, laissons Martin de côté pour le moment. Martin est un homme d'une espèce rare, un très grand homme. D'une espèce rare pour deux raisons : probablement simplement parce qu'il existe, et parce que c'est un vrai Chrétien. Il croit vraiment à la non-violence. En lui-même il a trouvé quelque chose qui lui permet de le faire, et il a encore une grande autorité morale dans le Sud. Il n'en a absolument aucune dans le Nord. Le pauvre Martin a vécu Dieu sait quel enfer pour éveiller la conscience des Américains, mais il est arrivé au bout de son rouleau. Il y a des choses que Martin ne peut pas faire ; Martin n'est qu'un homme. Martin ne peut résoudre tout seul le problème crucial de la nation. Il y a des tas de gens, je veux dire des tas de Noirs qui ne vont plus du tout à l'église et n'écoutent pas Martin, vous savez, et qui de toute façon ne sont eux-mêmes que les produits d'une civilisation qui a toujours glorifié la violence, sauf si c'est le Noir qui tient le revolver, si bien que Martin est sapé à la base par ce qui se passe dans le pays. Le pays ne s'inquiète de la non-violence que si j'ai l'air de vouloir devenir violent, parce que la non-violence me gêne si je suis un sheriff de l'Alabama.

C. — *Jim, au plus profond de votre conscience, comment voyez-vous l'avenir de notre nation, et je vous pose la question sous cette forme parce que je crois que l'avenir du Noir et l'avenir de la Nation sont liés.*

B. — Ils sont indissolubles.

C. — *Donc, comment le voyez-vous ? Êtes-vous essentiellement optimiste ou pessimiste ? Vraiment je ne voudrais pas vous souffler les réponses, car ce que je veux savoir, c'est ce que vous pensez.*

B. — Je suis à la fois content et ennuyé que vous m'ayiez posé cette question, mais je ferai de mon mieux pour y répondre. Être pessimiste signifie que l'on a décidé une fois pour toutes que la vie était une chose académique, aussi je suis forcé d'être optimiste : je suis forcé de croire que nous pourrons survivre, quelle que soit la chose à laquelle nous devrons survivre. Mais l'avenir du Noir dans notre pays est exactement aussi lumineux ou aussi sombre que l'avenir du pays. C'est au peuple américain et à ses représentants, c'est au peuple américain seul de décider si oui ou non il va regarder en face cet étranger qu'il a si longtemps calomnié, s'il va s'occuper de lui, et assumer sa présence. Ce que les Blancs doivent faire, c'est chercher en eux-mêmes pourquoi il leur a fallu un nègre au début. Parce que je ne suis pas un nègre, je suis un homme, mais si vous croyez que je suis un nègre, c'est parce que vous en avez besoin. La question qu'il faut se poser, qu'il faut que la population blanche se pose, au Nord ou au Sud, parce que c'est le même pays, et que pour un Noir il n'y a pas de différence entre le Nord et le Sud ; la seule différence c'est dans la façon de vous châtrer, mais la castration elle-même est un fait valable pour toute l'Amérique. Si je ne suis pas le nègre ici, et si vous l'avez inventé — c'est vous, les Blancs, qui avez inventé le nègre — alors il faut que vous trouviez pourquoi. Et l'avenir du pays en dépend. S'il est capable ou non de répondre à cette question.

C. — *En tant que Noir et qu'Américain, tout ce que je peux c'est espérer que le pays ait la force...*

B. — la force morale.

C. — *...et la capacité de se poser cette question et d'y répondre...*

B. — De regarder cette question en face, de la regarder en *face !*

C. — *...d'une façon affirmative et constructive.*

2

Malcolm X

Malcolm X est un homme ponctuel. Il est arrivé au studio de télévision avec deux de ses conseillers les plus intimes, à l'heure précise de notre rendez-vous. Ses amis et lui étaient vêtus de façon impeccable, sans aucun signe extérieur de leur appartenance à une secte séparée ou à l'état ecclésiastique. Le Ministre Malcolm X (il tient beaucoup à ce titre de Ministre) est un bel homme, grand, entre trente-cinq et quarante ans. De toute évidence c'est une personnalité dominante, dont la puissance bien disciplinée est d'autant plus remarquable par contraste avec la déférence étudiée que lui témoignent ses compagnons.

Il a conscience de cette impression de puissance qu'il cherche à donner, et l'on devine qu'il ne veut pas se laisser aller à la familiarité dans ses rapports avec autrui.

Bien que le Ministre Malcolm X semble fier de n'avoir pas étudié plus loin que la huitième[1], il parle en général avec le vocabulaire et le ton d'une personne qui a fait des études supérieures. Il est ravi quand on lui en fait la remarque, et explique qu'il a lu énormément depuis qu'il est entré dans le mouvement des Musulmans Noirs. Son rôle de principal porte-parole du mouvement dans la région New York - Washington est — il insiste là-dessus — d'aider ses partisans à devenir fiers d'eux-mêmes et à se perfectionner.

Malcolm X a été probablement interviewé à la radio, à la télévision et dans la presse, pendant les deux dernières années, plus qu'aucun autre leader noir. L'effet de ces multiples interviews se manifeste chez lui par un calme professionnel et la capacité, semble-t-il, de mettre la dose convenable d'émotion, de ressentiment, et d'indi-

---

[1] *Huitième :* (eighth grade) la dernière année d'école primaire aux Etats-Unis, comparable à notre classe de fin d'études primaires.

gnation dont il a besoin. Il ne donne sûrement pas une impression de spontanéité. Au contraire, on a le sentiment que le Ministre Malcolm a prévu chaque question et préparé la réponse appropriée, une réponse dans la ligne du mouvement des Musulmans Noirs, telle qu'elle a été définie par l'Honorable Elijah Muhammad[1].

Nous avons commencé l'interview en parlant de l'enfance de Malcolm X.

M. — Je suis né à Omaha, Nebraska, en 1925, à cette époque où le Ku Klux Klan était très fort dans la région — et j'ai passé une partie de ma jeunesse dans le Michigan. C'est là que j'ai été à l'école.

C. — *Quelle partie du Michigan ?*

M. — Lansing. J'ai été à l'école là-bas,

---

[1] *Elijah Muhammad* : prophète des Musulmans Noirs, à qui Allah aurait donné la mission d'évangéliser l'Amérique. Il faut noter qu'Elijah Muhammad avait rompu avec Malcolm X, qui s'était réjoui publiquement de la mort du Président Kennedy. Malcolm X avait alors fondé un autre mouvement, les Nationalistes Noirs et, tout en restant Musulman, il semblait adopter un ton moins virulent, et des positions moins racistes, qu'au temps de l'interview.

jusqu'à la huitième. Puis je suis parti et j'ai grandi à Boston et à New York.

C. — *Êtes-vous parti avec votre famille d'Omaha pour le Michigan, puis pour Boston ?*

M. — Oui. Quand je suis né — peu de temps après ma naissance — le Ku Klux Klan a posé un ultimatum à mon père — ou plutôt à mes parents — leur enjoignant de quitter le pays, alors ils sont partis pour...

C. — *Quelle était la raison de cet ultimatum ?*

M. — Mon père était Garveyiste[2], et à cette époque-là, vous savez, on ne permettait pas à un Noir de dire ce qu'il pensait ou de s'écarter de l'image stéréotypée à laquelle le comportement des Noirs devait absolument se conformer.

---

[2] *Garveyiste* : Marcus Garvey (1880-1940) est l'ancêtre du nationalisme noir aux Etats-Unis. Il prétendit siéger à la Société des Nations comme représentant des peuples noirs du monde. Créateur du mouvement « Back to Africa », pour le retour des Noirs en Afrique, il alla jusqu'à fonder sa propre compagnie de transports maritimes, qui devait emmener les Noirs américains dans leur « mère-patrie ».

C. — *J'ai lu beaucoup de choses sur vous, mais c'est la première fois que j'entends dire que votre père était Garveyiste. Et il était vraiment nationaliste noir, et ne s'en cachait pas, dans les années vingt ?*

M. — Il était à la fois Garveyiste et pasteur, pasteur Baptiste. Vous savez comment çà se passait à l'époque, et comment çà se passe encore ; seule la méthode a changé, mais la chose reste la même : quand un Noir disait ce qu'il pensait, on le prenait pour un fou ou pour un individu dangereux. Et la police locale, et les différentes branches de la justice, étaient généralement infiltrées d'éléments du Klan, aussi le Klan avait l'appui de la police, et généralement la police avait l'appui du Klan, comme aujourd'hui.

C. — *Alors, en fait, on demanda à votre père, ou on le força...*

M. — Oui, ils mirent le feu à la maison où nous habitions à Omaha, je crois que c'était en 1925 ; nous sommes partis pour Lansing, Michigan, et nous y avons connu les mêmes ennuis. A propos, nous habitions dans un quartier intégré, à ce moment-là. Et cela prouve que les Blancs n'étaient pas plus adversaires de l'intégration que maintenant, seulement à l'époque ils le disaient plus ouvertement. Et aujourd'hui ils ont l'astuce de dire qu'ils sont pour, mais ils s'arrangent encore pour que l'intégration soit impossible. Alors nous sommes partis dans le Michigan et il s'est passé la même chose; ils ont brûlé notre maison là aussi. Et mon père était, comme je l'ai dit, pasteur, Chrétien, et ce sont des Chrétiens qui ont brûlé sa maison les deux fois — des gens qui vous enseignent, vous savez, la tolérance religieuse, la fraternité et tout ça.

C. — *Vous avez commencé à aller à l'école dans le Michigan?*

M. — Oui.

C. — *Combien de temps êtes-vous resté dans le Michigan?*

M. — Je crois que j'ai fini ma huitième quand j'étais encore dans le Michigan.

C. — *Et ensuite où êtes-vous allé?*

M. — A Boston.

C. — *Avez-vous été au lycée à Boston?*

M. — Non, je n'ai jamais été au lycée.

C. — *Vous n'avez jamais été au lycée?*

M. — Je n'ai jamais dépassé la huitième.

C. — *C'est phénoménal.*

M. — Tout ce que je connais au-dessus de la huitième, je l'ai appris de Monsieur Muhammad. Il a été mon maître, et je pense que c'est un meilleur maître que ceux que j'aurais eus si j'avais continué mes études.

C. — *Comment avez-vous rencontré Monsieur Muhammad ?*

M. — J'étais — quand j'étais en prison, en 1947, j'ai entendu parler pour la première fois de son enseignement, de son message religieux. A cette époque-là moi j'étais athée. J'étais monté en grade du christianisme à l'agnosticisme, puis à l'athéisme.

C. — *Est-ce que les événements de votre enfance dans le Nebraska et le Michigan, où, comme vous l'avez dit, des Chrétiens ont brûlé la maison de votre père qui était un ministre chrétien — ces événements ont-ils été les causes déterminantes de votre éloignement du christianisme ?*

M. — Non, parce que malgré ces malheurs, ma vie, comme je l'ai dit, se déroulait dans un milieu totalement intégré. Malgré tous les malheurs que j'ai eus en grandissant — mon père a été tué par des

Blancs plus tard — je continuais de penser qu'il y avait des Blancs qui étaient bons ; du moins ceux à qui j'avais affaire, vous comprenez, ils étaient censés être différents des autres. Aucun événement, à ma connaissance, ne m'avait ouvert les yeux puisque, jusqu'au moment où j'ai été en prison, j'étais encore intégré à la société des Blancs, et je croyais qu'il y en avait des bons.

C. — *Était-ce une prison intégrée ?*

M. — C'était une prison intégrée au niveau des prisonniers, mais tous les administrateurs étaient blancs. C'est ce que l'on trouve généralement dans toutes les situations où l'intégration est censée régner. Au niveau le plus bas, c'est intégré, mais au niveau de l'administration ou de la direction, ce sont des Blancs qui ont le pouvoir.

C. — *Combien de temps êtes-vous resté en prison ?*

M. — Environ 7 ans.

C.— *Et vous étiez en prison à Boston ? Et c'est là que vous êtes entré en contact avec...*

M. — Les gens de ma famille sont devenus musulmans ; ils ont accepté la religion de l'Islam et l'un d'eux qui avait passé pas mal de temps avec moi dans les rues de New York, là-haut à Harlem, avait été en contact avec la religion de l'Islam. Il l'accepta, et cela le transforma très profondément. Il m'écrivit pour m'en parler. Or, j'avais complètement éliminé le christianisme. Maintenant que j'étais en prison et que j'avais le temps de penser, je voyais l'hypocrisie du christianisme. Même avant d'aller en prison j'étais devenu athée, et je voyais l'hypocrisie du christianisme. La plupart de mes compagnons étaient blancs : ils étaient soit Juifs soit Chrétiens, et des deux côtés je voyais l'hypocrisie. Aucun d'entre eux ne mettait vraiment en pratique ce qu'il prêchait...

C. — *Ministre Malcolm...*

M. — Excusez-moi, mais tout en ayant remarqué cela, ma puissance intellectuelle était si faible, ou si incomplète, que je n'étais pas en mesure de comprendre vraiment, ou de tirer des conclusions au sujet de cette hypocrisie, avant d'avoir atteint le stade où j'ai commencé à réfléchir un peu et à me renseigner davantage sur l'Islam. Alors j'ai pu revenir en arrière et me rappeler tous ces événements, et les choses que j'avais vraiment entendues — les discussions auxquelles j'avais participé moi-même avec des Blancs. Tout cela, et ce que Monsieur Muhammad disait, s'est additionné.

C. — *Je vois.*

M. — C'est lui qui a tiré le trait et m'a permis de faire le total, et de trouver le résultat, et depuis je n'ai rencontré personne qui puisse me fournir une réponse plus forte ou plus convaincante que celle que m'a donnée l'Honorable Elijah Muhammad.

C. — *J'aimerais revenir un peu sur votre vie en prison. Quel était le motif — Comment étiez-vous...*

M. — Un crime. Ce n'était pas une accusation truquée. J'ai été en prison pour ce que j'avais fait, et la raison pour laquelle je n'ai pas la moindre hésitation ni la moindre répugnance à dire que j'ai été en prison, la voilà : Je crois fermement que c'est la société chrétienne, comme on l'appelle, la société judéo-chrétienne, qui a créé tous les facteurs qui envoient en prison tant de ces hommes qu'on appelle Nègres... Et quand ces gars vont en prison, il n'y a rien de prévu dans le système pour les réadapter. Il n'y a rien de prévu dans le système pour les réformer. Tout ce qu'on arrive à faire c'est... c'est un terrain de culture idéal pour en faire des criminels professionnels, surtout les Noirs. Et j'ai vu, j'ai décelé cette répugnance, de la part des pénologistes et des autorités pénitentiaires, à réformer les hommes, et j'ai même remarqué que lorsque un « Nègre », comme ils disent, essaie de se réformer en prison et de devenir meilleur, les autorités lui sont plus hostiles qu'elles l'étaient lorsqu'il avait des penchants criminels, et revoilà l'hypocrisie. Non seulement la société chrétienne en elle-même est une hypocrisie religieuse, mais le système judiciaire est une hypocrisie, le système pénal tout entier est une hypocrisie. Monsieur Muhammad est arrivé avec sa bonne parole religieuse, il a apporté la religion de l'Islam, et il a montré l'honnêteté de l'Islam, la justice de l'Islam, la liberté de l'Islam. Et naturellement, rien qu'en comparant les deux, le christianisme s'était déjà éliminé de lui-même, aussi je n'avais plus qu'à accepter l'Islam. Je sais aujourd'hui ce que cette religion a fait pour moi personnellement.

C. — *Je remarque que le mouvement des*

Musulmans Noirs a consacré beaucoup de temps, d'efforts et d'énergie à chercher des recrues dans les prisons.

M. — C'est inexact.

C. — *Inexact ?*

M. — C'est parfaitement inexact.

C. — *Le livre d'Eric Lincoln...*

M. — Eh bien, Lincoln a dit une chose inexacte. Lincoln n'est qu'un prédicateur chrétien d'Atlanta, Georgie, qui voulait gagner de l'argent, alors il a écrit un livre et l'a appelé « Les Musulmans Noirs en Amérique ». Nous ne sommes même pas des Musulmans Noirs. Nous sommes des Noirs, qui sommes musulmans parce que nous avons accepté la religion de l'Islam, mais l'astuce d'Eric Lincoln, c'est d'avoir mis un « n » majuscule, et d'avoir pris « noir » comme adjectif épithète de « Musulman », et maintenant la presse emploie cette expression pour faire croire que c'est le nom d'une organisation.

Ainsi, le nom n'évoque plus une motivation religieuse, ni des objectifs religieux.

C. — *Vous ne faites donc pas une campagne systématique de recrutement ou de réadaptation ?*

M. — Non.

C. — *Et la réadaptation... ?*

M. — La raison pour laquelle l'Islam s'est répandu si rapidement dans les prisons, c'est que le « Nègre » moyen en prison a connu assez de malheurs pour comprendre l'hypocrisie de toute notre société et il a aussi compris que le système n'a pas pour but de le réhabiliter ou de lui faire tourner le dos au crime. Aussi quand il écoute l'enseignement religieux de l'Honorable Elijah Muhammad, qui lui rend sa fierté raciale, son identité raciale, et lui rend aussi le désir d'être un homme, il se réforme. Et ceci se répand si vite parmi les « Nègres » en prison que, comme le sociologue, le psychologue, le pénologiste, et le criminologiste ont tous compris qu'ils étaient incapables de réadapter les criminels, quand Monsieur Muhammad arrive et commence à réhabiliter les criminels seulement avec sa bonne parole religieuse, c'est un miracle. Ils considèrent ce fait comme un phénomène sociologique ou psychologique, et lui donnent une grande publicité.

C. — *Donc vous n'êtes pas obligés de faire un recrutement actif.*

M. — L'Honorable Elijah Muhammad ne fait aucun effort actif pour convertir ou recruter des hommes en prison, pas plus qu'il ne le fait pour les Noirs en général, point final. Je pense qu'il y a une chose que vous devriez comprendre, c'est qu'en Amérique il y a 20 millions de Noirs qui sont tous en prison. Ce n'est pas nécessaire d'aller à Sing-Sing pour être en prison. Si vous naissez en Amérique avec la peau noire, vous naissez en prison, et les masses du peuple noir commencent aujourd'hui à considérer notre malheur, ou notre misère dans la société, comme celui d'un prisonnier. Et quand ils s'adressent au Président, celui-ci n'est qu'un autre directeur de prison à qui ils demandent d'ouvrir la porte de la cellule : il n'y a rien de changé. C'est la même chose, et de même que le directeur de la prison ne pouvait pas réadapter ces hommes, le Président dans ce pays ne pourrait ni réadapter ni faire changer d'opinion les masses du peuple noir. Et comme l'Honorable Elijah Muhammad a pu aller derrière les murs des prisons — je veux dire les murs au sens physique — et libérer ces hommes de qui les maintenait à l'état de criminels, il fait de même à l'échelle du pays tout entier — il peut envoyer son message religieux dans ce qu'on appelle la communauté Nègre, réformer l'esprit des nôtres, et leur faire surmonter les habitudes, les vices et les maux qui nous ont maintenus dans les griffes de cette société de l'homme blanc.

C. — *Ministre Malcolm, ce que vous venez de dire m'amène à essayer d'apprendre directement de votre bouche vos idées sur la philosophie du mouvement des Musulmans Noirs. Parmi tout ce qu'on a écrit sur ce mouvement, plusieurs choses ressortent nettement ; à savoir que ce mouvement prêche la haine des Blancs, qu'il prêche la suprématie des Noirs, qu'en fait il prêche ou même sans la prêcher directement, il accepte comme inévitable la violence dans les relations entre les races. Maintenant...*

M. — C'est étrange. Vous savez, les Juifs dans cette ville ont manifesté la semaine dernière contre un Nazi, et j'écoutais une émission hier soir où l'autre Juif, le commentateur juif se réjouissait de ce que les Juifs avaient fait à ce nazi, et les en félicitait. Or personne n'a parlé de violence à propos de ce que les Juifs avaient fait contre ce nazi. Mais ces mêmes Juifs qui acceptent la violence quand elle vient d'eux, et détestent ceux qu'ils considèrent comme leurs ennemis, adhèrent à des organisations noires, et disent aux Noirs qu'il doivent être non-violents, qu'il est injuste, immoral et inintelligent que les Noirs manifestent le moindre désir de se défendre contre les attaques des Blancs qui essayent de nous brutaliser. Les Musulmans qui suivent l'Honorable Elijah Muhammad ne prêchent pas la violence, mais Monsieur Muhammad nous enseigne une chose, c'est que tout être humain intelligent a le droit de se défendre. On ne peut pas prendre un Noir qui se fait mordre par des chiens et l'accuser de prêcher la violence quand il essaie de se défendre contre les morsures du chien. Remarquez, les gens qui lâchent les chiens contre les Noirs, on ne les accuse jamais de violence, on ne les accuse jamais de haine. Dans une discussion à leur sujet, on ne trouve jamais ces termes. Quand le Noir commence à exploser, à sortir de ses gonds, après avoir trop encaissé, alors seulement on dit que le Noir est violent, et tant que les Blancs en question exposent une doctrine qui aide à justifier leurs mauvais traitements envers les Noirs, on n'appelle jamais cela de la haine. C'est seulement quand le Noir lui-même commence à énumérer tout ce que les Blancs lui ont fait au cours de l'histoire, que l'homme blanc astucieux, maître des moyens d'information et de propagande fait croire que les Noirs aujourd'hui prêchent une espèce de haine. Monsieur Muhammad nous apprend à nous aimer les uns les autres ; et quand je dis les uns les autres, je veux dire à aimer notre race. C'est la seule chose que les Noirs ont besoin d'apprendre dans notre pays, parce que les seuls que nous n'aimons pas, ce sont les gens de notre race. La plupart des Noirs que l'on voit s'agiter et parler d' « aimer tout le monde », ils n'ont pas le moindre amour pour leur race. Quand ils disent : « Aimez tout le monde » ils ne font en réalité que nous pousser à aimer les Blancs. Voilà leur philosophie. Ou quand ils disent : « souffrez en silence », ils veulent dire souffrez en silence les coups du Blanc, parce que ces mêmes Noirs non-violents sont les apôtres de la non-violence. Si un Noir les attaque, ils se battront avec lui d'un bout à l'autre de Harlem. C'est seulement quand le Blanc les attaque qu'ils croient à la non-violence, tous autant qu'ils sont.

C. — *Monsieur X, est-ce une critique du Révérend Martin Luther King ?*

M. — Pas besoin de critiquer le Révérend Martin Luther King. Ses actes sont une critique suffisante.

C. — *Que voulez-vous dire par là ?*

M. — Tout Noir qui apprend aux autres Noirs à tendre l'autre joue les désarme. Tout Noir qui apprend aux Noirs à tendre l'autre joue quand on les attaque désarme ces Noirs de leur droit divin, de leur droit moral, de leur droit naturel, de leur droit intelligent, à se défendre. Tous les êtres dans la nature peuvent se défendre, et ont raison de le faire, sauf le Noir américain. Et les gens comme King, leur travail c'est d'aller dire aux Noirs : « ne ripostez pas ». Il ne leur dit pas : « Ne vous battez pas entre vous. » L'essentiel de ce qu'il leur dit, c'est : « Ne vous battez pas avec le Blanc », parce que les partisans de Martin Luther King se tailleraient bien en pièces les uns les autres, mais ils ne feront rien pour se défendre contre les attaques du Blanc. Mais la philosophie de King ne touche qu'une petite minorité. La grande masse de la population noire de notre pays penche plus vers l'Honorable Elijah Muhammad que vers Martin Luther King.

C. — *N'est-il pas vrai cependant...*

M. — Ce sont les Blancs qui suivent King. Ce sont les Blancs qui paient King. Ce sont des Blancs qui subventionnent King. Ce sont des Blancs qui appuient King. Mais la masse des Noirs ne soutient pas Martin Luther King. King est la meilleure arme que les Blancs, qui veulent brutaliser les Noirs, aient jamais eue dans notre pays, parce qu'à cause de lui, quand le Blanc veut attaquer les Noirs, ils ne peuvent se défendre, parce que King a prêché cette stupide philosophie : vous n'êtes pas censés vous battre, ou vous n'êtes pas censés vous défendre.

C. — *Mais, Monsieur X, n'est-il pas vrai que le mouvement du Révérend King a réussi à Montgomery...*

M. — Vous n'allez pas me dire que vous avez réussi... excusez-moi, monsieur.

C. — *Ce n'était pas un succès à Birmingham ?*

M. — Non, non. Quelle espèce de succès ils ont eue à Birmingham ? La possibilité de s'asseoir dans un snack-bar et de boire un café en mangeant un biscuit, c'est ça le succès ? La possibilité de... des milliers de petits enfants ont été en prison ; ils ne sont pas sortis tout seuls, il a fallu que King verse leur caution. Il a fallu qu'ils *payent* pour sortir de prison. Ça n'a rien d'un progrès, ni d'un succès.

C. — *Que serait au juste un progrès du point de vue des Musulmans ?*

M. — Chaque fois que des chiens ont mordu des femmes noires, mordu des enfants noirs — et quand je dis des chiens, ça signifie que des chiens à quatre pattes et des chiens à deux pattes ont brutalisé des milliers de Noirs — si celui qui se présente comme leur leader se contente de faire un compromis ou un marchandage avec ceux-là même qui ont ainsi maltraité les siens, pourvu qu'ils veuillent bien lui offrir du travail en ville pour un seul Noir, ou des choses du même ordre, alors je ne vois rien qui ressemble à un succès, Monsieur, c'est une trahison. Les Noirs à Birmingham sont maintenant dans une situation pire qu'avant, parce que la ligne de séparation est plus rigide. Et venir me dire qu'un modéré... me dire que ça va mieux maintenant parce qu'un autre homme, un autre Blanc, un autre Blanc du Sud est en fonctions maintenant, c'est comme si l'on me disait qu'il vaut mieux avoir affaire à un renard qu'à un loup. Les gens à qui nous avions affaire précédemment étaient des loups, et ils ne s'en cachaient pas. L'homme à qui ils ont affaire maintenant est un renard, mais il ne vaut pas mieux que le loup. Il est meilleur uniquement dans sa capacité d'endormir les Noirs, et il le fera tant qu'ils écouteront Martin Luther King.

C. — *Que seraient, ou que sont les buts du mouvement des Musulmans Noirs ? Qu'est-ce que le mouvement des Musulmans Noirs exigerait à Birmingham, à Montgomery, à Jackson, Mississipi... etc.?*

M. — Eh bien, primo, l'Honorable Elijah Muhammad nous enseigne que la solution ne viendra jamais des politiciens, elle viendra de Dieu, et que le seul moyen pour le Noir, dans ce pays, aujourd'hui, de se faire respecter et reconnaître par les autres, est de se débrouiller seul : de gagner quelque chose et de faire quelque chose pour lui seul ; et la solution que Dieu a donnée à l'Honorable Elijah Muhammad est celle que Dieu donna à Moïse quand les Hébreux dans la Bible se trouvaient dans une misère semblable à la misère des « Nègres » en Amérique aujourd'hui, qui n'est en somme qu'un esclavage moderne, une

Egypte moderne, ou une Babylone moderne. Et la réponse de Moïse fut de séparer les esclaves de leur maître et de montrer aux esclaves le chemin d'une terre qui serait la leur, où ils serviraient leur Dieu et leur religion, dans leur pays où ils pourraient se nourrir, se vêtir et s'abriter sans l'aide de personne.

C. — *Donc, en fait, vous dites que le mouvement des Musulmans Noirs...*

M. — Ce n'est pas un mouvement des Musulmans Noirs.

C. — *Bon, alors...*

M. — Nous sommes des Noirs qui sommes Musulmans parce que nous croyons à la religion de l'Islam.

C. — *...ce mouvement que vous représentez avec tant de compétence désire réellement une séparation.*

M. — Une séparation complète ; une séparation non seulement physique, mais morale. C'est pourquoi l'Honorable Elijah Muhammad enseigne aux Noirs de ce pays que nous devons cesser de boire, cesser de fumer, cesser de commettre la fornication et l'adultère, cesser de jouer, de tricher et de jurer, cesser de manquer de respect à nos femmes, et nous réformer en tant que parents afin de montrer le bon exemple à nos enfants. Si nous renonçons à ces habitudes immorales, cela nous rend plus saints et plus justes. Cela veut dire qu'alors nous sommes qualifiés pour être du côté de Dieu, et cela met Dieu de notre côté. Alors Dieu devient notre champion, et il devient possible d'arriver à nos fins.

C. — *Donc ce mouvement ne sympathise pas particulièrement avec les objectifs intégrationnistes de la N.A.A.C.P.*[1] *du C.O.R.E., de Martin Luther King et du mouvement universitaire non-violent ?*

M. — Monsieur Muhammad nous enseigne que l'intégration n'est qu'une astuce des Blancs à l'heure actuelle pour endormir les Noirs, pour les endormir en leur faisant croire que le Blanc change, et qu'il veut réellement que nous restions ici ; mais l'Amérique elle-même, à cause du grain qu'elle a semé dans le passé contre le Noir, est bien près de récolter la tempête aujour-

---

[1] *La N.A.A.C.P. :* (association nationale pour le progrès des gens de couleur) et le *C.O.R.E.* (congrès pour l'égalité raciale) sont deux organisations qui luttent pour les droits civiques.

d'hui, de récolter ce qu'elle a semé. De même que l'Egypte a dû payer le crime qu'elle avait commis en tenant les Hébreux en esclavage, l'Honorable Elijah Muhammad nous enseigne que l'Amérique doit payer aujourd'hui le crime qu'elle a commis en tenant les « Nègres » en esclavage.

C. — *Il y a une question qui me gêne beaucoup au sujet de votre mouvement; il s'agit d'un petit incident. Rockwell, qui se proclame Nazi américain et partisan de la suprématie des Blancs, a eu une place d'honneur à l'une de vos...*

M. — C'est inexact.

C. — *Est-ce que je me trompe ?*

M. — C'est un faux compte-rendu diffusé par la presse. Et les Juifs s'en sont servi pour répandre la propagande contre les Musulmans dans tout le pays. Monsieur Muhammad a tenu un congrès public, auquel il a invité tout le monde, Noirs et Blancs (et c'est une des raisons pour lesquelles nous n'admettons plus de Blancs dans nos réunions). Il a invité tout le monde, les Blancs comme les Noirs et Rockwell est venu. Rockwell est venu, comme d'autres Blancs étaient venus. Et quand nous avons fait une collecte, nous avons cité les noms de tous ceux qui avaient fait un don. Le nom de Rockwell a été cité comme tous les autres, et l'on s'est servi de ce fait pour donner l'impression que Rockwell finançait les Musulmans. Et deuxièmement Rockwell est venu à une autre réunion du même ordre. A cette réunion Monsieur Muhammad a donné la parole à tous ceux qui voulaient le critiquer ou l'approuver. Rockwell a parlé ; on ne l'a même pas fait monter à la tribune ; il a parlé avec un microphone dont d'autres Blancs s'étaient servis au cours de la même réunion. Et encore une fois la presse juive, ou les Juifs qui forment une partie de la presse, s'en est servi pour sa propagande, pour donner l'impression que Rockwell était de mèche avec les Musulmans. Rockwell, pour nous, n'est pas différents des autres Blancs. Et je veux même lui rendre justice sur un point : il pratique ce qu'il prêche. Et tous les autres Blancs qui s'agitent ici, jouant les libéraux et tapant sur l'épaule des Noirs, pensent la même chose que Rockwell, seulement ils parlent un langage différent.

C. — *Ministre Malcolm, vous avez souvent mentionné les Juifs, la presse juive et la propagande juive au cours de cette discussion. On a souvent dit que l'antisémi-*

tisme était un élément important de votre mouvement. Je vous ai vu démentir cette accusation.

M. — Non, nous sommes...

C. — *Voudriez-vous expliquer votre position à ce sujet ?*

M. — Non, les partisans de Monsieur Muhammad ne sont anti-rien, sauf anti-injustice, anti-exploitation et anti-oppression. Beaucoup de Juifs ont un complexe de culpabilité quand on parle d'exploitation, parce qu'ils se rendent compte qu'ils contrôlent quatre-vingt dix pour cent des affaires dans toutes les communautés noires de l'Atlantique au Pacifique, et qu'ils tirent plus de bénéfices du pouvoir d'achat des Noirs que les Noirs eux-mêmes, ou toute autre fraction de la communauté blanche, aussi ça leur donne un complexe de culpabilité. Et chaque fois que l'on parle de l'exploitation des Noirs, les Juifs croient qu'ils sont visés, et pour cacher leur culpabilité, ils vous accusent d'être antisémite.

C. — *Croyez-vous que les Juifs soient plus coupables d'exploitation que...*

M. — Les Juifs appartiennent pratiquement à toutes les organisations noires. Arthur T. Spingarn, le chef de la N.A.A.C.P., est juif. Toute organisation noire — ...et quand je dis le chef de la N.A.A.C.P., c'est le *président* de la N.A.A.C.P. qui est juif. Les mêmes Juifs ne vous laisseraient pas devenir président de la B'nai B'rith, ou de leurs autres organisations.

C. — *Merci beaucoup. Vous avez sans aucun doute présenté des éléments importants de votre mouvement, et votre point de vue. Je pense que maintenant nous comprenons plus clairement certains de vos objectifs et, si nous avons encore un peu de temps, j'aimerais que vous me disiez, si vous voulez bien, quel est à votre avis l'avenir du Noir en Amérique, en dehors de la séparation.*

M. — Je veux bien. Tant qu'ils auront des entrevues avec le Ministre de la Justice et prendront pour jouer les leaders, des Noirs qui sont tous mariés soit avec des Blancs, soit avec des Blanches, il y aura toujours un problème racial. Quand Baldwin a emmené cette équipe-là pour aller voir Kennedy, il s'est trompé d'équipe. Tant qu'ils se tromperont d'équipe pour aller parler avec cet homme-là, on ne risquera pas d'aller vers une solution du problème en Amérique.

3

Martin Luther King

Pour l'observateur que je suis il ne fait aucun doute que la philosophie de Martin Luther King, l'amour de l'oppresseur, est un aspect authentique de sa personnalité. Lui-même ne fait aucune différence entre cette philosophie et la méthode efficace d'action directe non-violente pour une justice raciale, dont il est le symbole et le leader. Pour lui cette philosophie n'est pas une simple stratégie; c'est une vérité, c'est une manière d'affirmer sa position philosophique selon laquelle on ne peut séparer les fins et les moyens. Ce ton calme, contemplatif, académique au point d'en devenir parfois exaspérant, est un reflet fi-

dèle de King. Il réussit le paradoxe d'être à la fois un lettré et un homme d'action réaliste.

Martin Luther King est un jeune homme aimable et calme. Rien dans son aspect extérieur n'évoque le chef ferme et courageux de tant de manifestations. Il est difficile d'imaginer en le voyant qu'il s'est à maintes reprises exposé à la mort, et que par la seule force de sa personnalité et la profondeur de ses convictions il a remué le Sud et le Nord. Il est l'incarnation de cette dignité qui est essentiellement à tout homme.

Clark. — En décembre 1955 un événement qui s'est déroulé à Montgomery, Alabama, a projeté d'un seul coup un jeune homme sur le devant de la scène nationale et internationale. Le Révérend Martin Luther King, Junior, a organisé le boycottage effectif des autobus à Montgomery, par lequel les Noirs de cette ville ont montré au monde entier qu'ils ne se contentaient plus d'être des citoyens de second ordre. Depuis, le Docteur King personnifie cette dignité, cette discipline, et cette fermeté pour revendiquer les droits du citoyen américain, qui sont la base du mouvement actuel du peuple noir. Docteur King, je sais que dans toute l'Amérique on a suivi la façon dont vous avez mené la lutte à Birmingham. Avant de parler de ces problèmes qui ont eu la vedette dans les journaux et dans tous les moyens d'information, je voudrais en savoir davantage sur vous-même. Où êtes-vous né ? Parlez-moi de votre famille, de vos frères et sœurs, et autres choses personnelles.

King. — Oui, eh bien je suis né dans le Sud, à Atlanta, Georgie, et j'y ai passé mes premières années. En fait, j'ai été à l'école publique à Atlanta, et j'ai été au collège à Atlanta.

C. — *A quel collège avez-vous été ?*

K. — Morehouse College à Atlanta.

C. — *Qui fait partie de l'Université à Atlanta ?*

K. — C'est ça. Et j'ai été élevé dans un milieu religieux. Mon père est pasteur de l'église d'Ebenezer à Atlanta, et ce, depuis 33 ans. Je suis maintenant co-pasteur de la même église. Et nous avons... je veux dire nous sommes trois enfants : j'ai un frère et une sœur.

C. — *Votre frère est-il pasteur lui aussi ?*

K. — Oui, il est pasteur de la Première Eglise Baptiste de Birmingham, Alabama.

C. — *Et vous avez une sœur ?*

K. — Oui, elle est à Atlanta, professeur au collège Spelman.

C. — *Maintenant, votre famille à vous : je me rappelle, quand nous étions ensemble à Montgomery, vous aviez un fils qui était né juste avant les incidents de Montgomery.*

K. — C'était une fille. Le deuxième est un garçon, mais notre premier enfant est une fille. Depuis ce temps-là, nous en avons eu deux autres, donc nous avons maintenant quatre enfants, deux fils et deux filles, le dernier né étant la fille qui est venue au monde il y a neuf semaines.

C. — *C'est merveilleux. On dirait que vous avez des enfants au moment des grandes crises.*

K. — C'est vrai, et cela donne une nouvelle vie à la vie.

C. — *Très bien. Vous êtes allé de Morehouse à l'Université de Boston pour étudier la philosophie, c'est bien cela ?*

K. — Pas tout à fait, je suis allé de Morehouse au Séminaire de Théologie Crozer en Pennsylvanie, et ensuite de Crozer à l'Université de Boston.

C. — *A Boston vous avez étudié la philosophie et, si mes souvenirs sont exacts, vous avez un doctorat en philosophie.*

K. — Exactement c'est en théologie philosophique.

C. — *Maintenant, si nous pouvions passer un peu de votre éducation sur les bancs de l'Université à votre éducation dans la communauté. Je regarde les journaux et je vois non seulement que vous avez pris une part active, et déterminante, dans beaucoup de manifestations, mais encore que cela vous a coûté de voir beaucoup de prisons de l'intérieur. Je me suis demandé — dans combien de prisons avez-vous été par suite de votre rôle dans l'action directe non-violente pour les droits des Noirs ?*

K. — Eh bien, j'ai été arrêté quatorze fois depuis que nous avons commencé à Montgomery. Certaines fois c'était dans la même prison, je veux dire qu'il y a certaines prisons où j'ai été plus d'une fois. Je n'ai jamais calculé le nombre de prisons différentes. Je crois que j'ai été dans huit prisons différentes, à peu de chose près. Je me rappelle qu'une fois dans l'espace de huit jours je suis passé dans 3 prisons différentes en Georgie. Je crois que j'ai été dans 8 prisons différentes, et j'ai été arrêté environ quatorze fois.

C. — *Avez-vous essayé de faire une étude de ces prisons, par exemple, le type de prison, le type d'homme que vous avez rencontré dans ces prisons comme gardien ou directeur ? Quel type humain représentent-ils, ou y-a-t-il plusieurs types différents ?*

K. — J'ai pensé à comparer les différentes prisons. Je suppose que cela fait partie des choses que l'on est amené à faire pour échapper à la sinistre monotonie de la vie en prison, et je trouve qu'il y a des différences. J'ai connu des prisons modernes, d'autres très vieilles. Pendant mon récent emprisonnement à Birmingham, j'étais dans la prison neuve. La prison municipale date d'un an, je crois, et à Albany, Georgie, l'année dernière, j'étais dans une très vieille prison. Dans le comté de Fulton, Georgie, j'étais dans un établissement tout neuf.

C. — *Quelle espèce d'êtres humains sont les geôliers ? Quelle est leur attitude envers vous personnellement ?*

K. — Eh bien, cela varie aussi : J'ai connu des prisons où les geôliers faisaient preuve d'une courtoisie exceptionnelle, et se donnaient du mal pour que je sois dans les meilleures conditions possibles. D'autre part, j'ai connu des prisons où les geôliers étaient extrêmement brutaux et hargneux dans leurs paroles et leur comportement. Je n'ai jamais subi de violence corporelle de la part des geôliers, mais j'ai eu à subir de la violence en paroles. Même à Birmingham, les tout premiers jours, certains des geôliers s'exprimaient de façon extrêmement brutale.

C. — *Avez-vous déjà été dans une prison intégrée ? Dans le Sud ?*

K. — Non, c'est une chose que je n'ai pas encore connue.

C. — *Quand tous les lieux publics seront intégrés, le dernier stade sera peut-être d'intégrer les prisons.*

K. — Oui.

C. — *Je m'intéresse beaucoup à la philosophie de la non-violence, et en particulier j'aimerais comprendre mieux les rapports entre la technique d'action directe non-violente que vous avez employée avec tant d'efficacité, et votre philosophie que, faute* d'un meilleur terme, j'appellerai « amour de l'oppresseur ».

K. — Très bien.

C. — *Docteur King, quelle est d'après vous la relation entre ces deux choses, que l'on pourrait très bien envisager séparément ?*

K. — Oui, c'est vrai. L'une est une méthode d'action : l'action directe non-violente est une méthode pour changer un ordre social injuste, et elle implique une technique pratique qui annihile l'emploi de la violence et demande la non-violence à tout moment. C'est-à-dire que l'on utilise par la violence physique contre l'adversaire. Quant à la morale d'amour, elle se situe dans une autre dimension, où le fait d'accepter la non-violence devient une règle de vie. Beaucoup de gens acceptent la non-violence, comme étant la technique la plus pratique du point de vue de l'action sociale, mais ils n'iraient pas jusqu'à considérer la non-violence comme une règle de vie nécessaire. Moi, j'accepte les deux. Je pense que la résistance non-violente est l'arme la plus puissante dont disposent les opprimés dans leur lutte pour la liberté et la dignité humaine. Elle arrive à désarmer l'adversaire. Elle menace ses défenses morales, affaiblit son moral, et en même temps met sa conscience à l'épreuve. Il ne sait absolument pas comment réagir, je l'ai constaté bien souvent au cours de notre lutte dans le Sud. Pour en revenir à la question de l'amour, je pense que c'est très important, parce que la haine est une injure à celui qui hait aussi bien qu'à celui qui est haï. Beaucoup de psychiatres nous disent maintenant que beaucoup de choses étranges qui se passent dans le subconscient, beaucoup de conflits intérieurs ont la haine pour racine, et ils nous disent : « aimez ou mourez ». Eric Fromm a pu écrire un livre comme « L'Art d'Aimer » et montrer clairement que l'amour est le principe unificateur suprême de la vie, et j'essaie de montrer dans ce moment qu'il faut suivre la technique non-violente, l'arme la plus puissante dont nous disposons, mais qu'il faut aussi suivre la morale d'amour qui devient une force d'intégration individuelle.

C. — *Mais n'est-ce pas trop demander, et peut-on espérer qu'un groupe d'êtres humains qui ont été victimes de cruautés et d'injustices flagrantes, pourront vraiment aimer les complices de leurs bourreaux, et à plus forte raison leurs bourreaux eux-mêmes ? Comment peut-on espérer, par exemple, que les Noirs de Birmingham qui connaissent Bull Connor[1] peuvent l'aimer d'une façon vraiment significative ?*

K. — Eh bien, je pense qu'il faut maintenant s'entendre sur le sens du mot amour. Bien entendu je ne parle pas ici d'un sentiment d'affection. Je pense que ce serait vraiment ridicule de pousser les opprimés à aimer leurs oppresseurs d'une façon affectueuse. Souvent je fais appel au grec pour me faire comprendre à ce point de la discussion, parce qu'il y a trois mots en grec pour « amour ». L'un est « eros », qui désigne une sorte d'amour esthétique et romantique. Le deuxième est « phileo », qui désigne une sorte d'affection intime entre amis ; c'est l'amitié, c'est l'amour réciproque et, à ce niveau, on aime les gens avec qui l'on a des affinités. Et puis le grec nous donne un autre mot « agapé », qui signifie la compréhension, la bonne vo-

---

[1] *Bull Connor :* Chef de la police de Birmingham, qui s'était signalé par son attitude particulièrement dure vis-à-vis des manifestants noirs.

lonté créatrice et rédemptrice pour tous les hommes. Cela va bien au-delà d'un sentiment d'affection. Donc quand je vous dis...

C. — *Sous cette forme cela signifie en fait compréhension.*

K. — Oui, c'est cela. Et l'on en arrive à pouvoir aimer la personne qui vous fait du mal, c'est-à-dire à la comprendre, tout en haïssant le mal qu'elle vous fait. Et je ne parle absolument pas d' « eros », je ne parle pas d'amitié. Il m'est assez difficile d'avoir quelque affinité avec Bull Connor. Il m'est difficile d'avoir des affinités avec le sénateur Eastman, mais je pense que l'on peut aimer même les gens avec qui l'on n'a aucune affinité, parce que la vie est quelque chose d'affectueux.

C. — *Oui, je vous ai souvent admiré de pouvoir éprouver ce sentiment, et je dois vous dire qu'en lisant vos idées sur la philosophie d'amour, j'ai souvent pensé que je n'étais guère à la hauteur. Malcolm X, l'un des avocats les plus éloquents de la philosophie des Musulmans Noirs, a dit de votre mouvement et de votre philosophie qu'ils jouent le jeu des oppresseurs blancs, que ceux-ci sont heureux de vous entendre parler d'amour pour l'oppresseur, parce que cela désarme le Noir, et cadre avec l'image stéréotypée du Noir soumis et prêt à tendre l'autre joue. Voudriez-vous commenter les idées de Malcolm X ?*

K. — Eh bien, dans ce contexte, je ne considère pas l'amour comme de la sensiblerie. Je ne le considère pas comme une faible force, mais je le considère comme quelque chose de solide, qui s'organise de lui-même pour une action directe puissante. C'est ce que j'essaye de montrer dans notre lutte du Sud : que nous ne menons pas un combat où il s'agit de s'asseoir et de ne rien faire, et qu'il y a une énorme différence entre la non-résistance au mal, et la résistance non-violente. La non-résistance vous laisse dans un état de passivité, de stagnation, et de complaisance dangereuse, alors que la résistance non-violente signifie que l'on résiste vraiment avec force et décision, et je pense que certaines critiques de la non-violence, ou certains critiques, ne comprennent pas que nous parlons d'une chose très forte, et confondent la non-résistance et la résistance non-violente.

C. — *Malcolm X va plus loin dans cer-*

taines déclarations qu'il a faites devant moi ; il dit que c'est vraiment cela votre philosophie d'amour pour l'oppresseur qu'il identifie complètement avec le mouvement non-violent. Il dit que cette philosophie et ce mouvement sont réellement encouragés par les Blancs parce qu'ils leur donnent bonne conscience. Ils leur font croire que les Noirs sont des créatures soumises et paresseuses.

K. — Je ne crois pas que cela soit vrai. Quelqu'un qui a déjà vécu un mouvement non-violent dans le Sud, depuis Montgomery, en passant par « les voyages de la liberté »[1], « l'occupation pacifique des lieux publics », jusqu'au mouvement récent de Birmingham, et qui a vu les réactions des extrémistes et des réactionnaires de la communauté blanche, ne dirait pas que ce mouvement, que cette philosophie donnent bonne conscience aux Blancs. Je crois qu'ils provoquent souvent chez eux un sentiment

---

[1] Les « *voyages de la liberté* » (freedom rides) et « l'occupation pacifique des locaux » (sit-ins) sont des formes d'action non-violente qui consistent à pénétrer dans un moyen de transport ou un lieu public réservés aux blancs.

de honte : j'ai vu beaucoup d'exemples. Je pense qu'ils arrivent à toucher la conscience et à faire naître un sentiment de culpabilité. Or, souvent les gens réagissent à cette culpabilité en s'engageant davantage dans l'action qui les rend coupables, essayant ainsi de noyer ce sentiment de culpabilité, mais cette attitude ne contribue certainement pas à donner bonne conscience au Blancs. Je pense que c'est le contraire qui se produit. Elle trouble sa conscience et trouble son sentiment d'auto-satisfaction.

C. — *James Baldwin soulève une autre question à propos de la position non-violente en général : celle de la technique elle-même. Il ne la rejette pas comme le fait Malcolm X, mais il se demande s'il sera longtemps possible de maintenir le peuple noir dans ce cadre de la non-violence, surtout si nous avons encore d'autres manifestations comme celles de Birmingham, où la police a lâché des chiens contre des êtres humains. Quelle est votre réaction devant l'anxiété de Monsieur Baldwin ?*

K. — Eh bien je pense que ces méthodes brutales employées par la police de Birmingham et d'autres polices vont naturellement provoquer le courroux des Noirs, et je pense que certains d'entre eux risquent d'être provoqués au point de riposter avec violence. Je crois cependant que nous pouvons être sûrs que la grande majorité des Noirs engagés dans les manifestations, et comprenant la philosophie de la non-violence, sauront affronter les chiens et toutes les autres méthodes brutales employées, sans riposter avec violence, parce qu'ils comprennent qu'un des premiers principes de la non-violence c'est d'être prêt à être l'objet de la violence sans jamais l'infliger à autrui. Et aucun des manifestants de Birmingham ne s'est livré à un acte agressif, ou à une riposte violente. Si cela s'est produit, il s'agissait toujours de gens en marge du mouvement, qui n'avaient jamais pris part aux manifestations, et probablement pas aux réunions publiques, et n'avaient jamais subi l'entraînement non-violent. Aussi l'issue dépendra de notre capacité à étendre l'enseignement de la philosophie non-violente à la communauté au sens large et non uniquement aux gens qui participent aux manifestations.

C. — Dites-moi, comment maintenez-vous cette discipline, cette maîtrise de soi et cette dignité chez les adeptes qui parti-

cipent réellement aux manifestations ? Vous n'avez pas de police, vous n'avez pas d'uniforme, vous n'êtes pas une organisation autoritaire, vous êtes un groupe d'hommes librement associés. Comment expliquez-vous cette dignité et cette discipline que je qualifierais d'admirables ?

K. — Nous faisons un gros effort pour enseigner à la fois l'aspect théorique de la non-violence et son application pratique. Nous avons même des cours où nous apprenons ce que c'est d'être malmené, et ce genre de sociodrame s'est avéré très utile pour préparer ceux qui vont participer à des manifestations. L'autre chose est...

C. — *Est-ce que cet enseignement s'applique même aux enfants ?*

K. — Oui, les enfants aussi. A Birmingham, où nous avions plusieurs jeunes, nous en avions qui n'avaient pas plus de 7 ans, parmi les manifestants, et ils avaient suivi l'entraînement. En fait, aucun d'eux n'a pris le départ d'une marche, aucun n'a participé à aucune manifestation sans avoir au préalable subi cet entraînement. Aussi, grâce à cette méthode, nous pouvons faire connaître la signification de la non-violence, et je crois qu'il y a quelque chose de contagieux dans un mouvement de ce genre, où tout le monde parle de la non-violence, de la fidélité envers cet idéal, et de la dignité qu'il faut garder en résistant. Toutes ces idées ont tendance à se répandre dans la masse, parce qu'elles sont partie intégrante de notre vocabulaire.

C. — *Quels sont les rapports entre votre mouvement et des organisations comme la N.A.A.C.P., le C.O.R.E. et le Comité de Coordination des étudiants non-violents ? Ce sont des organisations autonomes, mais travaillez-vous ensemble ?*

K. — Oui. Comme vous le dites, chacune de ces organisations est autonome, mais nous travaillons ensemble dans bien des domaines, l'année dernière nous avons lancé une campagne pour l'incription sur les listes électorales, une campagne intensive. Et toutes les organisations travaillent ensemble, quelquefois deux ou trois d'entre elles sont au travail dans la même communauté. Il en est de même pour nos programmes d'action directe. A Birmingham nous avions l'appui du Snick[1], du C.O.R.E.

---

[1] « *Snick* » : abréviation de « Student Non-violent Coordinating Committee ».

et de la N.A.A.C.P. Le C.O.R.E. a envoyé des membres de son bureau pour nous aider et le Snick a aussi envoyé des membres de son bureau. Roy Wilkins[1] est venu parler à une de nos réunions de masse, et il a précisé que bien que la N.A.A.C.P. ne puisse pas fonctionner en Alabama, nous avions l'appui de la N.A.A.C.P. Aussi nous travaillons tous ensemble d'une façon très significative, et nous ferons encore davantage dans l'avenir pour coordonner nos efforts.

C. — *Y a-t-il un mécanisme — existe-t-il un mécanisme de coordination à l'heure actuelle ?*

K. — Eh bien, nous avons formé une sorte de conseil de coordination qui se réunit aussi souvent que possible. Naturellement nous sommes tous pris par nos nombreux programmes dans différentes régions, et nous ne pouvons pas nous réunir aussi souvent que nous le voudrions, mais nous nous rencontrons souvent (je veux dire les dirigeants de toutes ces organisa-

---

[1] *Roy Wilkins* : secrétaire exécutif de la N.A.A.C.P.

tions) pour essayer de coordonner nos efforts.

C. — *Et le gouvernement fédéral ? Avez-vous fait appel au gouvernement fédéral directement, soit en votre nom personnel, soit au nom de cette organisation, pour qu'il s'intéresse d'une façon plus active à la question des droits des Noirs ?*

K. — Oui. D'autres membres de la Conférence des Dirigeants Chrétiens du Sud[1] et moi-même avont fait appel au Président et au nouveau gouvernement en général, pour qu'ils s'attaquent résolument au problème de l'injustice raciale. Je pense que Monsieur Kennedy a accompli des choses importantes dans le domaine des droits civiques, mais j'ai l'impression qu'il n'a pas encore montré l'esprit de décision nécessaire pour affronter un problème aussi énorme.

C. — *Par Monsieur Kennedy, voulez-vous dire le Président ?*

---

[1] La Conférence des Dirigeants Chrétiens du Sud (Southern Christian Leadership Conference) est un mouvement fondé par Martin Luther King et d'autres pasteurs après les événements de Montgomery.

K. — Oui, en ce moment, je parle surtout du Président, mais cela pourrait aussi s'appliquer au Ministre de la Justice. Je pense que tous deux sont véritablement des hommes de bonne volonté, mais je pense qu'ils n'ont pas encore tout à fait mesuré la profondeur et la dimension du problème, et je pense qu'il faut absolument se rendre compte que c'est une question urgente. Il n'y a pas de temps à perdre ; les choses vont vite et le Noir manifeste de façon palpable qu'il veut tous ses droits, qu'il les veut dans ce pays, et qu'il les veut maintenant.

C. — *Est-ce que cette position n'est pas considérée par certains comme extrémiste, c'est-à-dire ne tenant pas compte des réalités ?*

K. — Oui, je suis sûr que c'est l'opinion de beaucoup de gens, mais je crois qu'il faut qu'ils comprennent bien la situation. Dans le monde actuel, nous ne pouvons pas nous offrir le luxe d'aller lentement ; et la soif de dignité et de respect d'eux-mêmes qu'ont les Noirs ne permet pas à la nation d'aller lentement.

C. — *Docteur King, quelle sera à votre avis l'issue de la confrontation actuelle, de ce mouvement actuel des Noirs pour exiger leurs droits de citoyens américains, sans équivoque et sans demi-mesures ? Pensez-vous qu'ils réussiront ?*

K. — Oui. Pour être réaliste, je dois admettre que des épreuves nous attendent. Dans certains États particulièrement durs du Sud nous nous heurterons à une vive résistance. Il y aura encore une résistance, et il y aura encore des problèmes sérieux, dans le Nord, en raison de ces deux fléaux inséparables, la ségrégation de l'emploi et celle du logement, mais je pense que maintenant certaines forces commencent à jouer, qui détourneront de nous ces risques de conflit. La marée montante de l'opinion mondiale jouera un grand rôle dans ce sens. Je pense que l'éveil de la conscience de très nombreux Blancs dans tout le pays, le fait que de plus en plus les organisations religieuses se rendent compte qu'elles n'ont pas fait leur devoir, la détermination du Noir lui-même, et l'industrialisation croissante du Sud — tous ces facteurs, j'en suis convaincu, s'uniront pour nous permettre d'avancer vers notre but, l'intégration.

C. — *Alors vous espérez en l'avenir ?*

K. — Oui.

C. — *Je vous remercie pour cet espoir, et je vous remercie pour votre action.*

K. — Merci.

Remarques sur les interviews
par Henry Morgenthau

Les trois interviews qui composent « Les Noirs vous parlent » ont été enregistrés pour la télévision en mai-juin 1963. Le Docteur Kenneth Clarck et moi-même avions invité le Révérend Martin Luther King Junior et le Ministre Malcolm X, parce qu'ils représentaient les deux pôles extrêmes de l'opinion. King commençait à être salué comme le héros des manifestations de Birmingham. Il était le symbole de l'action directe non-violente pour l'intégration et l'obtention immédiate de tous les droits civiques. Malcolm X présentait en quelque sorte le deuxième thème de l'alternative. Porte-parole le plus éloquent des musulmans noirs, il était l'apôtre du racisme noir et de la séparation complète, et touchait les noirs les plus aliénés. James Baldwin, bien que n'étant pas un leader au sens traditionnel, fut invité parce qu'il est l'écrivain et le poète le plus sensible à la révolte noire.

L'interview de Baldwin, comme Clark l'a remarqué, fut enregistré le 24 mai 1963, peu après la rencontre entre le Ministre de la Justice, Robert Kennedy, et un groupe d'amis et de compagnons que Baldwin avait assemblés. Comprenant que l'interview de Baldwin était un commentaire passionnant de cette entrevue historique, nous décidâmes de la diffuser quatre jours plus tard, le 28 mai, très en avance par rapport à la date prévue pour l'émission complète en trois parties. Comme Jack Gould le souligna dans le *New York Times* nous avions « réussi une exclusivité, qui faisait mieux ressortir la façon inadéquate dont les grandes chaînes avaient rendu compte de la réunion entre les leaders noirs et Mr Kennedy... Quel objectif admirable pour la T.V. éducative : frapper au but pour la solution du problème moral essentiel du moment... « Il disait ensuite : « Cet instant où l'écrivain (Baldwin) mit carrément les spectateurs au défi de placer l'humanité au-dessus de sa couleur, ou de la leur, fut une minute de vérité qui ne se termina pas en même temps que l'émission ». Or il paraît important à beaucoup d'entre nous que toute la portée et toute la force de la vague montante de la révolte noire, que la télévision n'a capturées que d'une façon fugace, soient conservées sous une forme imprimée.

Les interviews publiés ici furent enregistrés pour une émission de télévision intitulée « Le Noir et la promesse Américaine » que j'ai produite pour le Centre National de Télévision et de Radio Éducative, avec le concours du personnel et des installations de la station éducative de Boston WGBH-TV. L'émission et le livre diffèrent légèrement dans la forme, bien que les deux aient dû leur unité de fond et de style à la méthode

les chemins de la révolte ——————— 101

d'interviewer du Docteur Clark et à sa conception personnelle de la révolte noire. Ce sont surtout son talent et sa modestie d'interviewer, et le respect dont il était l'objet de la part des trois hommes, qui leur ont permis de parler avec autant d'abondance et de liberté. Ce fut pour moi un grand privilège de travailler avec Kenneth Clark et de profiter de son expérience. A l'origine je suis entré en contact avec le Docteur Clark selon les suggestions de Samuel Allen de l'Agence d'Information des États-Unis et Marvin Rich du C.O.R.E. Je leur témoigne ma reconnaissance ici.

J'ai réservé pour la fin l'expression de ma gratitude toute particulière pour mes compagnons de travail de la WGBH-TV, Mary Rose Maybank, co-productrice, et Fred Barzyk, réalisateur, sans le talent et l'amitié de qui l'émission de télévision n'aurait jamais pu avoir lieu.

Table

Préface à l'édition de 2007 :
Afro-Américains et Afro-Européens
par Albert Memmi   V

Présentation de l'édition de 1965 :
Les chemins de la révolte
par Albert Memmi   7

1. James Baldwin   29

2. Malcolm X   49

3. Martin Luther King   77

Remarques sur les interviews
par Henri Morgenthau   99

Dans la même collection

Littérature et voyages

Fadhma Amrouche, *Histoire de ma vie.*
Taos Amrouche, *Le grain magique.*
Ibn Batûtta, *Voyages* (3 tomes).
Louis-Antoine de Bougainville, *Voyage autour du monde.*
René Caillié, *Voyage à Tombouctou* (2 tomes).
Christophe Colomb, *La découverte de l'Amérique* (2 tomes).
James Cook, *Relations de voyages autour du monde.*
Hernan Cortés, *La conquête du Mexique.*
Bernal Díaz del Castillo, *Histoire véridique de la conquête de la Nouvelle-Espagne* (2 tomes).
Charles Darwin, *Voyage d'un naturaliste autour du monde.*
Charles-Marie de La Condamine, *Voyage sur l'Amazone.*
Homère, *L'Odyssée.*
Jean-François de Lapérouse, *Voyage autour du monde sur* l'Astrolabe *et la* Boussole.
Bartolomé de Las Casas, *Très brève relation de la destruction des Indes.*
Louis-Sébastien Mercier, *L'an 2440, rêve s'il en fut jamais.*
Louis-Sébastien Mercier, *Le tableau de Paris.*
Louise Michel, *La Commune, histoire et souvenirs.*
Martin Nadaud, *Léonard, maçon de la Creuse.*
Paul Nizan, *Aden Arabie.*
Mongo Park, *Voyage dans l'intérieur de l'Afrique.*
Lady M. Montagu, *L'islam au péril des femmes.*
Marco Polo, *Le devisement du monde, le livre des merveilles* (2 tomes).
Horace Benedict de Saussure, *Premières ascensions au Mont-Blanc, 1774-1787.*
Mémoires de Géronimo.
Victor Serge, *Les années sans pardon.*
Victor Serge, *Le Tropique et le Nord.*
Inca Garcilaso de la Vega, **Commentaires royaux sur le Pérou des Incas (3 tomes).**

Essais

Mumia Abu-Jamal, *Condamné au silence.*
Mumia Abu-Jamal, *En direct du couloir de la mort.*
Lounis Aggoun et Jean-Baptiste Rivoire, *Françalgérie, crimes et mensonges d'États.*
Hocine Aït-Ahmed, *L'affaire Mécili.*
Fadela Amara, *Ni putes ni soumises.*
Patrick Artus et Marie-Paule Virard, *Le capitalisme est en train de s'autodétruire.*
Michel Authier et Pierre Lévy, *Les arbres de connaissances.*
Étienne Balibar, *L'Europe, l'Amérique, la guerre.*
Nicolas Bancel, Pascal Blanchard et Sandrine Lemaire (dir.), *La fracture coloniale.*
Louis Barthas, *Les carnets de guerre de Louis Barthas, tonnelier, 1914-1918.*
Nicolas Beau et Jean-Pierre Tuquoi, *Notre ami Ben Ali.*
Michel Beaud, *Le basculement du monde.*
Stéphane Beaud et Younès Amrani, « *Pays de malheur !* ».
Miguel Benasayag et Diego Sztulwark, *Du contre-pouvoir.*
Sophie Bessis, *L'Occident et les autres.*
Mongo Beti, *La France contre l'Afrique.*
Paul Blanquart, *Une histoire de la ville.*
Augusto Boal, *Jeux pour acteurs et non-acteurs.*
Augusto Boal, *Théâtre de l'opprimé.*
Lucian Boia, *La fin du monde.*

La Découverte/Poche

Philippe Breton, *L'utopie de la communication*.
François Burgat, *L'islamisme en face*.
François Chobeaux, *Les nomades du vide*.
Daniel Cohn-Bendit, *Une envie de politique*.
Sonia Combe, *Archives interdites*.
Georges Corm, *Le Liban contemporain*.
Georges Corm, *Orient-Occident, La fracture imaginaire*.
Sylvain Cypel, *Les emmurés*.
Adam Czerniaków, *Carnets du ghetto de Varsovie*.
Denis Duclos, *Le complexe du loup-garou*.
Alfred Dreyfus, *Cinq années de ma vie*.
Shirin Ebadi, *Iranienne et libre*.
Les Éconoclastes, *Petit bréviaire des idées reçues en économie*.
Guillaume Erner, *Victimes de la mode ?*
Frantz Fanon, *Les damnés de la terre*.
Frantz Fanon, *Pour la révolution africaine*.
Robert Fisk, *La grande guerre pour la civilisation*.
Gustave Folcher, *Les carnets de guerre de Gustave Folcher, paysan languedocien, 1939-1945*.
Daniel Guérin, *Ni Dieu ni Maître* (2 tomes).
Roger-Henri Guerrand, *L'aventure du métropolitain*.
Roger-Henri Guerrand, *Les lieux*.
Jean Guisnel, *Guerres dans le cyberespace*.
Jean Guisnel, *Libération, la biographie*.
Theodor Herzl, *L'État des Juifs*.
Rudolf Hoess, *Le commandant d'Auschwitz parle*.
Alain Joxe, *L'empire du chaos*.
Yazid Kherfi, Véronique Le Goaziou, *Repris de justesse*.
Joseph Klatzmann, *Attention statistiques !*
Paul R. Krugman, *La mondialisation n'est pas coupable*.
Pierre Larrouturou, *Pour la semaine de quatre jours*.
Serge Latouche, *L'occidentalisation du monde*.
Florent Latrive, *Du bon usage de la piraterie*.
Christian Laval, *L'école n'est pas une entreprise*.
Jean-Pierre Le Goff, *La démocratie post-totalitaire*.
Jean-Pierre Le Goff, *Les illusions du management*.
Jean-Pierre Le Goff, *Mai 68, l'héritage impossible*.
Pierre Lévy, *L'intelligence collective*.
Pierre Lévy, *Qu'est-ce que le virtuel ?*
Paul Lidsky, *Les écrivains contre la Commune*.
André L'Hénoret, *Le clou qui dépasse*.
Alain Lipietz, *La société en sablier*.
Gilles Manceron, *Marianne et les colonies*.
Ernest Mandel, *La pensée politique de Léon Trotsky*.
Gérard Mendel, *Une histoire de l'autorité*.
Charles-Albert Michalet, *Qu'est-ce que la mondialisation*.
Alexander S. Neill, *Libres enfants de Summerhill*.
Sven Ortoli et Jean-Pierre Pharabod, *Le cantique des quantiques*.
François Partant, *La ligne d'horizon*.
Daya Pawar, *Ma vie d'intouchable*.
Paulette Péju, *Ratonnades à Paris*.
Michel Peraldi et Michel Samson, *Gouverner Marseille*.
Philippe Pignarre, *Le grand secret de l'industrie pharmaceutique*.
André Pochon, *Les sillons de la colère*.
Bernard Poulet, *Le pouvoir du Monde*.
Michel de Pracontal, *L'imposture scientifique en dix leçons*.
Jeremy Rifkin, *L'âge de l'accès*.
Jeremy Rifkin, *La fin du travail*.
Charles Rojzman, *Savoir vivre ensemble*.
Bertrand Schwartz, *Moderniser sans exclure*.
Amartya Sen, *L'économie est une science morale*.
Victor Serge, *L'an I de la révolution russe*.
Victor Serge, *Vie et mort de Léon Trotsky*.
Maryse Souchard, Stéphane Wahnich, Isabelle Cuminal, Virginie Wathier, *Le Pen, les mots*.
Isabelle Stengers, *Sciences et pouvoirs*.
Benjamin Stora, *Imaginaires de guerre*.
Benjamin Stora, *La gangrène et l'oubli*.
Charles Szlakmann, *Le judaïsme pour débutants* (2 tomes).
Pierre Vermeren, *Le Maroc en transition*.

La Découverte/Poche

Pierre Vidal-Naquet, *Les crimes de l'armée française*.
Pierre Vidal-Naquet, *Les assassins de la mémoire*.
Michel Villette et Catherine Vuillermot, *Portrait de l'homme d'affaires en prédateur*.
Michel Wieviorka, *Le racisme, une introduction*.
Michel Wieviorka, *Une société fragmentée ?*

Sciences humaines et sociales

Louis Althusser, *Pour Marx*.
Jean-Loup Amselle et Elikia M'Bokolo, *Au cœur de l'ethnie*.
Benedict Anderson, *L'imaginaire national*.
Paul Bairoch, *Mythes et paradoxes de l'histoire économique*.
Étienne Balibar, *L'Europe, l'Amérique, la guerre*.
Étienne Balibar et Immanuel Wallerstein, *Race, nation, classe*.
Stéphane Beaud, *80 % au bac... et après ?*
Jean-Jacques Becker et Gilles Candar, *Histoire des gauches en France* (2 volumes).
Miguel Benasayag, *La fragilité*.
Miguel Benasayag, *Le mythe de l'individu*.
Miguel Benasayag et Gérard Schmit, *Les passions tristes*.
Yves Benot, *La démence coloniale sous Napoléon*.
Yves Benot, *Massacres coloniaux 1944-1950*.
Yves Benot, *La Révolution française et la fin des colonies*.
Bernadette Bensaude-Vincent et Isabelle Stengers, *Histoire de la chimie*.
Pascal Blanchard et al., *Zoos humains*.
Philippe Breton, *La parole manipulée*.
Judith Butler, *Trouble dans le genre*.
François Chast, *Histoire contemporaine des médicaments*.
Jean-Michel Chaumont, *La concurrence des victimes*.
Yves Clot, *Le travail sans l'homme ?*
Serge Cordellier (dir.), *La mondialisation au-delà des mythes*.

Georges Corm, *L'Europe et l'Orient*.
François Cusset, *French Theory*.
Mike Davis, *City of Quartz. Los Angeles, capitale du futur*.
Mike Davis, *Génocides tropicaux*.
Alain Desrosières, *La politique des grands nombres*.
François Dosse, *L'histoire en miettes*.
François Dosse, *Michel de Certeau*.
François Dosse, *L'empire du sens*.
François Dosse, *Paul Ricœur*.
Mary Douglas, *Comment pensent les institutions*.
Mary Douglas, *De la souillure*.
Florence Dupont, *L'invention de la littérature*.
W.E.B. Du Bois, *Les âmes du peuple noir*.
Jean-Pierre Dupuy, *Aux origines des sciences cognitives*.
Abdou Filali-Ansary, *Réformer l'islam ?*
Patrice Flichy, *Une histoire de la communication moderne*.
François Frontisi-Ducroux, *Dédale*.
Yvon Garlan, *Guerre et économie en Grèce ancienne*.
Peter Garnsey et Richard Saller, *L'Empire romain*.
Jacques T. Godbout, *L'esprit du don*.
Olivier Godechot, *Les traders*.
Nilüfer Göle, *Musulmanes et modernes*.
Jack Goody, *L'islam en Europe*.
Jack Goody, *La peur des représentations*.
Anne Grynberg, *Les camps de la honte*.
Françoise Hatchuel, *Savoir, apprendre, transmettre*.
Jacques Kergoat, *La France du Front populaire*.
Will Kymlicka, *Les théories de la justice. Une introduction*.
Camille Lacoste-Dujardin, *Des mères contre les femmes*.
Yves Lacoste, *Ibn Khaldoun*.
Bernard Lahire (dir.), *À quoi sert la sociologie*.
Bernard Lahire, *La culture des individus*.
Bernard Lahire, *L'invention de l'« illettrisme »*.
Bernard Lahire (dir.), *Le travail sociologique de Pierre Bourdieu*.
Bruno Latour, *La fabrique du droit*.
Bruno Latour, *La science en action*.

La Découverte/Poche

La Découverte/Poche

Bruno Latour, *Nous n'avons jamais été modernes*.
Bruno Latour, *Pasteur : guerre et paix des microbes*.
Bruno Latour, *Petites leçons de sociologie des sciences*.
Bruno Latour, *Politiques de la nature*.
Bruno Latour et Steve Woolgar, *La vie de laboratoire*.
Bernard Lehmann, *L'orchestre dans tous ses éclats*.
Prosper-Olivier Lissagaray, *Histoire de la Commune de 1871*.
Geoffrey E.R. Lloyd, *Pour en finir avec les mentalités*.
Georg Lukacs, *Balzac et le réalisme français*.
Armand Mattelart, *La communication-monde : histoire des idées et des stratégies*.
Armand Mattelart, *Histoire de l'utopie planétaire*.
Armand Mattelart, *L'invention de la communication*.
John Stuart Mill, *La nature*.
Arno Mayer, *La « solution finale » dans l'histoire*.
Gérard Mendel, *La psychanalyse revisitée*.
Michel Morange, *Histoire de la biologie moléculaire*.
Annick Ohayon, *Psychologie et psychanalyse en France*.
François Ost, *La nature hors la loi*.
Élisée Reclus, *L'homme et la Terre*.
Roselyne Rey, *Histoire de la douleur*.
Annie Rey-Goldzeiguer, *Aux origines de la guerre d'Algérie*.
Maxime Rodinson, *La fascination de l'islam*.
Maxime Rodinson, *Peuple juif ou problème juif ?*
Richard E. Rubenstein, *Le jour où Jésus devint Dieu*.
André Sellier, *Histoire du camp de Dora*.
Jean-Charles Sournia, *Histoire de la médecine*.
Isabelle Stengers, *Cosmopolitiques* (2 tomes).

Timothy Tackett, *Le roi s'enfuit*.
Sylvie Thénault, *Une drôle de justice*.
Francisco Varela, *Quel savoir pour l'éthique ?*
Francisco Vergara, *Les fondements philosophiques du libéralisme*.
Jean-Pierre Vernant, *Mythe et pensée chez les Grecs*.
Jean-Pierre Vernant, *Mythe et société en Grèce ancienne*.
Jean-Pierre Vernant, Pierre Vidal-Naquet, *Mythe et tragédie en Grèce ancienne* (2 tomes).
Pierre Vidal-Naquet, *Le chasseur noir*.
Michel Vovelle, *Les Jacobins*.
Max Weber, *Économie et société dans l'Antiquité*.
Max Weber, *Le savant et le politique*.
William Foote Whyte, *Street Corner Society*.
Charles Wright Mills, *L'imagination sociologique*.

État du monde

L'État du monde en 1945.
États-Unis, peuple et culture.
Rochdy Alili, *Qu'est-ce que l'islam ?*
Bertrand Badie (dir.), *Qui a peur du XXIe siècle ?*
Marc Ferro et Marie-Hélène Mandrillon (dir.), *Russie, peuples et civilisations*.
Anne-Marie Le Gloannec (dir.), *Allemagne, peuple et culture*.
Pierre Gentelle (dir.), *Chine, peuples et civilisation*.
Camille et Yves Lacoste (dir.), *Maghreb, peuples et civilisations*.
Jean-François Sabouret (dir.), *Japon, peuple et civilisation*.
François Sirel, Serge Cordellier *et al. Chronologie du monde au 20e siècle*.

BUSSIÈRE

GROUPE CPI

Ouvrage reproduit
  par procédé numérique.
Impression réalisée en avril 2007
par Bussière
à Saint-Amand-Montrond (Cher).
Dépôt légal : avril 2007.
N° d'impression : 071328/1.
Imprimé en France